身临其境

那些被VR影响的心灵、身体与社会

VR Tide

Social Implications of VR: Body, Brain, and Soul

浙江大学心理与行为科学系李峙研究组 著
腾讯研究院 S-Tech 工作室

序

2016年被称为虚拟现实（virtual reality，简称VR）元年，越来越多的中国老百姓在这一年开始接触VR，大商场中也陆续出现VR体验中心。以HTC Vive与Oculus Rift为代表的众多消费者级VR设备的出现，让VR进入千家万户指日可待。在我遇到的体验过VR的人群中，大家对VR体验褒贬不一。有人觉得现有的VR体验非常逼真，有人则抱怨VR头盔太重，不舒服。我作为VR设备的骨灰级用户，联想到的一句话是，"没有比较就没有鉴别"。

早在2007年在美国从事博士后研究期间，我就开始使用VR设备进行空间感知的相关研究。这十年来，我亲历了VR技术的发展，使用过多种VR设备与开发软件。与现有的消费者级设备相比，早先的VR头盔大多数又大又重，但视觉分辨率更好。若要我来评价现有的VR设备，我认为这些新设备更轻便，但视觉效果欠佳。

我于2015年回国，加入浙江大学心理与行为科学系，肩负重建心理学虚拟现实实验室的任务（该实验室的前身由前杭州大学心理系的王坚博士领衔）。我们实验室在进行空间感知与空间记忆等基础研究的同时，还设立了VR情绪调节与VR晕动症等应用项目。组建实验室的初衷是将基础心理学研究成果转化为实用的产品。

与腾讯研究院的合作始于2016年年底在北京长城脚下举行的腾讯朋友圈分享会。我在会上结识了由腾讯研究院院长司晓与助理院长程明霞领衔的S-Tech团队。这支主要由年轻人组成的团队充满了朝气与激情。出于人文关怀，腾讯团队希望了解VR技术对人与社会的影响，而这正是心理学的研究范畴。于是，我们一拍即合，组成联合工作组，广泛收集心理学中与VR相关的研究成果，加以梳理，汇总成书。

VR虽是计算机科学的相关技术，但因其用户是人，从而与心理学产生了密切的联系。如果使用恰当，VR将对用户产生积极影响，如提高记忆力，增强注意力，改善情绪等。但若使用不当，VR可能对用户产生消极影响，如产生晕动反应和空间压缩效应，激发暴力行为等。本书汇集了众多心理学相关研究的成果，在使读者了解如何利用VR技术优势的同时，帮助读者掌握回避VR技术弊端的方法。

李峙

浙江大学心理与行为科学系研究员、博导

2017年11月于杭州

前言

在探索科技与社会的交互关系时，我们常被问到这样的问题：我们应如何更加广泛地分享新技术发展带来的好处？我们又该怎样承受因不断累积的变化而导致的不可避免的震荡？每个个体如何才能在这相互影响的不确定时代获得幸福？

腾讯是众多科技公司中的一员，它关注新技术的发展。借助新技术实现更大跨度的发展，几乎是科技公司通用的宝典。与此同时，一个个具体的、真实的个人和家庭支撑起腾讯十多年的进步，因此，保持对个人与社会的具体而微的关注，是腾讯研究院长期坚持、贯彻的目标。

面对上述问题，我们可以从技术的路径出发做研究，但自始至终不能离开"人本"的场域。当VR技术扑面而来时，我们关注的不仅仅是如何利用这一技术设计更多的产品和服务，同时，我们不断提醒自己要保持理性的克制。所以，我们谨慎地提出了一系列问题——VR可能对个体的生理和心理产生哪些影响？对社会可能产生哪些影响？

腾讯研究院S-Tech工作室与浙江大学心理与行为科学系李峙研究组组建了VR心潮联合工作组，整合、梳理了大量前人的研究成果，并集结成本书。这一工作非常基础，却很有意义。它让我们在快速奔跑中保持警醒，不忘初心。

司晓

腾讯研究院院长

2017年11月

目录

导论　　001

第一章　心临其境

007　当虚拟融入现实
009　沉浸感与临境感
010　可量化的临境感
013　影响临境感的因素
015　小结

第二章　VR如何影响心理认知

020　VR影响自我认知
020　"没错,那个虚拟化身就是我"
023　适应虚拟化身
027　虚拟化身对用户心理的影响
029　在VR中感受"灵魂出窍"
032　小结

035　VR影响空间认知
036　在VR中迷失方向
038　VR中的空间巡航方式
040　"魔法扫帚"
042　小结

身临其境

那些
被VR影响的
心灵、
身体与社会

第 三 章

VR如何影响
健康

043	**VR影响距离感知**
043	被压缩的空间
044	影响VR空间压缩的因素
047	如何削弱VR空间压缩效应
051	小结
052	**VR影响记忆**
052	玩3D游戏可以提高记忆力
054	VR训练改善老年人记忆力
058	用VR植入错误记忆
060	小结
064	**VR对心理健康的帮助**
064	慢慢适应：VR暴露疗法
067	治疗成瘾：VR线索暴露疗法
068	改变心态：VR 认知行为疗法
071	帮助自闭症儿童：VR 行为训练
076	回到过去：VR 精神分析疗法
077	防患于未然：用 VR 了解与预防心理疾病
080	小结
081	**VR对生理健康的影响**
081	使用VR镇痛
084	VR镇痛为何有效
084	临境感影响VR镇痛效果
085	VR治疗幻肢痛
086	在VR中进行康复训练
088	小结

089		VR晕动症
089		感觉冲突理论
090		姿势不稳定理论
091		如何缓解VR晕动症
096		小结

第四章
VR如何影响社会

100	VR社交
101	社交中的虚拟化身
103	虚拟化身的微笑
104	VR中的社交距离
105	用户是否信任虚拟化身
107	利用虚拟化身消除人际隔阂
109	隐患：VR引发攻击行为
112	小结
113	VR如何影响教育
113	VR提升学习动机
116	VR中的互动学习
118	VR游戏教学
120	VR职业技能培训
124	VR教育产品的设计准则
125	VR教育产品的设计策略
128	小结

后记

133	全书结语
136	终篇

参考文献

137

导 论

你体验过VR吗？无论答案是肯定还是否定，相信你已注意到，VR正在走进我们的生活。虚拟现实将是未来的现实（Virtual reality will be the future reality）。

VR技术的不断进步将掀起全球新的文明浪潮。这一浪潮不仅是一场技术革新，而且是对人类生命与智能的又一次推进。本书将系统地揭示VR对人与社会的影响，从而帮助读者更好地认识VR的应用能力与潜在风险。

VR对人的影响首先发生在心理认知层面。第一次体验VR时，你会感觉自己身处另一个空间，与自己实际所处的环境失去了联系，VR所引发的这种感觉被称为"临境感"。临境感是衡量VR质量的一个重要指标，可以通过主观报告量表，以及行为和生理等方面的指标进行测量。许多研究表明，临境感与许多VR中的特殊体验相联系。了解临境感是认识VR对人的影响的第一步。

如果你想与VR中的人或物体有交互体验，你通常需要借助一个虚拟化身（avatar）来完成操作。脸书（Facebook）在F8大会上推出的社交VR的演示就是一个很好的例子：每个用户在VR中以虚拟化身的形式见面、交流、娱乐。这种类似于灵魂附体的体验是一种全

身临其境

那些被VR影响的心灵、身体与社会

新的人机交互形式,必然会引发许多有趣的问题。比如,用户是否能适应这个新身体,以及这个新身体反过来如何影响用户。

另外,身处VR环境中,人的认知能力将不可避免地受到这种全新环境的影响。我们大脑的认知能力是在人类历史的长河中逐渐稳定下来的,已经适应了现实世界。VR世界尽管已相当逼真,但终归与现实世界有所差别,VR世界与现实世界的差异性将会影响我们的脑与认知。这种影响绝非无足轻重,恰恰相反,它关乎一款VR产品的用户体验,甚至决定了其市场前景与生命力。

以上关于VR对认知影响的讨论,我们将在本书第二章具体叙述。在更宏观的应用层面上,VR对人的影响还表现在它可以作为医疗辅助工具改善人的身心健康。2002年,62名心理治疗专家将VR心理治疗手段的潜力水平排在38种治疗手段中的第三位。VR心理治疗不再只是实验室中的概念,一些商用产品已经成功推出。其实,VR心理治疗依据的原理仍然是临床心理学的经典知识,比如暴露疗法(exposure therapy)。但是利用VR技术,心理咨询师可以为病患提供足够真实而又安全无害的刺激,去引导病患克服自身的心魔。此外,VR也被用于临床医疗领域,主要包括两个方面:镇痛与复健。VR镇痛的基本原理是,让患者的注意力完全投入到VR世界中,从而使他们极大程度地忽略现实世界中的疼痛感。VR复健的基本思路则是,用VR给患者提供定制化的训练场景,这样既能使患者的复健过程更有乐趣,又能通过信息化手段监控患者的恢复情况。与传统复健方法相比,VR复健能达到更好的效果。

VR在帮助我们的同时,也可能影响我们的健康。使用VR一段时间后,我们可能会感到头晕、恶心,这种现象被称为"VR晕动症"。晕动症(motion sickness)是影响VR普及的障碍之一。试想,如果

VR用户因为头晕而只能在VR中坚持半个小时，那么VR的普及自然会受限。因此，解决VR晕动症这一顽疾势在必行，但首先我们要真正了解晕动症产生的原因，才能对症下药。第三章将具体讨论VR对健康的影响。

很多例子已经证实，新技术带来的影响注定会渗透到社会的方方面面，VR对人的影响最终也必然上升到社会层面。尽管我们离VR彻底颠覆现实社会的那一天还很遥远，但是在有些领域已初见端倪。本书主要关注两个方面，即社交与教育。社交关系的质量影响人的幸福感，而教育的质量影响人的发展。VR对这两方面究竟会产生怎样的影响？现阶段具体发展到了哪一步？这些内容将在第四章详细叙述。

VR作为一种沉浸式、富媒体（rich media）的信息技术，对人产生的影响是方方面面的：从底层的认知心理到教育、医疗等应用层面，最后延伸到社会行为和社会交往层面。本书既是在试图解析VR带来的种种影响，也是在展望人类将要面对的未来。自VR这一概念诞生起，学界已有众多从不同角度讨论VR影响的文章发表，这些文章来自不同领域的作者（其中心理学家贡献良多），所讨论的VR形式既有如今的沉浸式VR，也有过往的桌面式VR。本书正是在整理这些已有文献的基础上，瞭望终将到来的VR世界。

第一章

心临其境
Presence in V.R

当虚拟融入现实

什么是现实？什么是虚幻？

在经典科幻电影《黑客帝国》(The Matrix)中，几乎所有人都生活在一个由人工智能(artificial intelligence，简称AI)支配的世界中。在这个世界中，名为"Matrix"的智能母体通过向大脑直接传输数据，给人们带来视觉、听觉、触觉、味觉等各种感官体验。人类生活在计算机程序设定的故事情节中，却感觉无比真实。

这部1999年上映的电影与其他经典的科幻电影一样，有着深刻的预言意味。在影片中，导演沃卓斯基兄弟(the Wachowski brothers)描述了一种可能：我们感知到的现实是大脑接收、加工与综合各种感官刺激的结果，只要能向大脑提供逼真的感官刺激，便可以创造真实。不是吗？这就是如今我们所说的VR背后的基本原理。

早在1965年，"计算机图形学之父"苏泽兰(Ivan Sutherland)就提出了VR的想法，他也因此被认为是"VR之父"（之一）。他发表了《终极显示》(The Ultimate Display)一文，描述了自己对VR的设想：

"它可以显示一个房间，电脑可以控制房间中一切东西的存在，房间中的椅子逼真到似乎可以坐上去，显示出的手铐简直可以铐人，子弹好像能置人于死地。只要用适当的程序，就可能创造出文学作品《爱丽丝漫游仙境》中的奇境。"

仅仅三年后，苏泽兰和他的学生就把设想初步变为现实。他们开发了世界上第一款头戴式显示器(head-mounted display，简称HMD)。这款被称为"达摩克利斯之剑"的设备如今看起来十分

身临其境

那些被VR影响的心灵、身体与社会

笨重，却证实了对VR而言最重要的一种感觉虚拟——视觉虚拟是可行的。视觉之所以重要，是因为人类接收到的外部信息80%以上来源于视觉。心理学巨擘平克（Steven Pink）在其名著《心智探奇》（*How the Mind Works*）中将视觉感知描述为心智的四大能力之一。半个世纪后的今天，头戴式显示器仍然是沉浸式VR技术最重要的组成部分。视觉模拟的逼真程度是影响VR真实感的主要决定因素。

潜在的巨大应用市场推动了VR技术的迅猛发展。随着硬件成本的降低，VR设备开始从高端实验室走入寻常百姓家，消费级VR设备开始进入普通大众的视野。例如，索尼公司的虚拟现实头盔（Play Station VR）自2016年10月起正式开售，截至2017年6月，销量已经突破百万台。截至2016年年底，另外两大主流VR厂商推出的HTC Vive和Oculus Rift也分别售出42万台和24.3万台（数据源自Super Data）。同时，用于移动端的虚拟现实头戴式显示器（Gear VR）的销量更是已突破500万台。虽然这些VR设备的价格已降至人民币3 000元左右，但仍需要价格过万元的计算机（主要是需具备高性能显卡）的支持。

VR硬件发展一片光明，VR应用软件却处于迷茫与困惑之中。在被称为"VR元年"的2016年的上半年，VR充分吸引了人们的眼球，但是由于没有期望中的"杀手级"应用出现，2016年下半年，整个VR市场一度进入寒冬期。2017年第一季度，投资者对VR的投资有所回暖。可是关键的问题在于，究竟应该设计开发怎样的VR应用才能引爆市场？在回答这个问题前，开发者需要了解VR这种新媒介与广播、电视、手机等传统媒介的最大不同之处。我们认为，答案就是，VR给用户提供了超强的沉浸感与临境感。

沉浸感与临境感

看到"沉浸感"(immersion)与"临境感"(presence)这两个概念时,你也许会对前者更加熟悉,而对后者感到陌生。科技媒体在报道VR时往往喜欢用"沉浸感"这个词,但是心理学家更关心临境感。这两者之间既有密切的联系,又有所区别。

沉浸感强调的是一些客观技术指标对虚拟环境产生的作用,比如显像设备的类型[头戴式显示器/洞穴式立体显示系统(cave automatic virtual environment,简称CAVE)/桌面显示器]、视场(field of view,简称FOV)大小、画面解析度、显示刷新率、运动捕捉的更新率等。这些技术指标的高低会直接影响用户的VR体验。沉浸感的强度依赖这些技术指标,比如视场越大,画面解析度越高,沉浸感就越强。

临境感则更加强调VR使用者的主观感受——在多大程度上,VR用户感觉自己身处VR环境之中,而不是肉体所处的物理环境。也许你已经有些迷惑了,这种主观感受不也要依赖设备的技术指标吗?那么临境感与沉浸感又有何区别呢?

实际上,沉浸感的确是临境感的基础。VR设备的技术指标越高,带给用户的临境感越强。但是对于两个使用相同硬件设备生成的VR(换言之,具有相同的沉浸感),一些内容(软件)设计上的区别可以大大影响临境感。比如,内容中的故事越是吸引人,虚拟环境中的交互方式越是接近现实中的交互方式,物体的行为(例如碰撞)越是符合真实世界中的物理规律等,其临境感就越强。

如果以电影作类比,那么沉浸感涉及屏幕大小、画面精细程度或者立体特性(2D或3D)等方面,而临境感涉及剧本、镜头的运用以及剪辑的手法。前者固然是重要的基础,但后者决定了观众能否"入戏"。技术的发展自有其稳步前行的节奏,而内容的创作往往需要思维的顿悟。本书从心理学的角度出发撰写,因而更关心临境感。在随后的内容中,若无特别说明,谈及这两者时,我们将统一使用"临境感"一词。

可量化的临境感

主观感受是可以测量的,临境感也不例外。临境感是衡量VR应用质量的重要指标之一,因此,定量地评估临境感,无论是对学术研究还是对实际产品开发,都具有重要的意义。

最常用的一种测量临境感的手段是主观报告量表。威特默和辛格(Witmer & Singer, 1998)在1998年首次将使用量表测量临境感的方法系统化。他们认为影响临境感的因素可分为四类:(1)控制因素(如动作交互方式);(2)感觉因素(如视觉模拟);(3)注意因素(将注意力集中在虚拟环境而非实际物理环境上);(4)真实感(涉及VR中的内容与情节)。他们据此设计了两份量表,一份是"临境感问卷"(Presence Questionnaire,简称PQ),另一份是"沉浸倾向问卷"(Immersed Tendency Questionnaire,简称ITQ)。前者主要测量用户临境感的大小,而后者测量用户完全沉浸于VR中的可能性,因而更多地问及用户的注意力投入程度与倾向。威特默和辛格在1998年提出的这两种问卷已被引用超过3 000次。

问卷测量的好处是使用起来简单方便,但缺陷是测量结果不够客观,而且无法实时地了解用户临境感的变化。为了克服问卷测量的这些缺点,研究者们开发了一些更为客观的测量方法来了解用户的临境感。其中一类测量方法是,通过检测用户在虚拟场景中的生理指标来推测其临境感。如果用户在虚拟场景中表现出的某些生理指标与在类似的真实场景中应该出现的生理指标一致,就可以推测用户在该场景中的临境感较强。比如在尤索(Usoh et al., 1999)的研究中,被试会在VR中体验站在一个非常深的虚拟坑的边缘的感受(见图1.1)。这个虚拟坑看起来与现实中的深坑别无二致,如果你在现实世界看到这样一个深坑,肯定会心中一紧,然后绕道而行;在实验中,当被试走近这个虚拟坑时,研究者发现其心率的确显著提高了。除了心率,皮肤电、体温、肌肉的紧张度、瞳孔大小等生理数据也可以用于测量临境感的强度(Insko, 2003; Riva et al., 2003)。还有研究表明,使用脑电图(electroencephalogram,简称EEG)记录用户的脑电信号也是一种测量临境感的可行方法(Strickland & Dan, 1997)。

另一类客观测量临境感的方法是观测用户的行为,其逻辑与观测用户的生理指标类似:用户在虚拟场景中的行为表现与真实环境中的行为表现越相似,则可推测其体验到的临境感越强。在研究中,一些反射性的行为反应常被用作测量临境感的指标。比如,在虚拟环境中,当有物体迎面飞来,临境感较强的用户将会下意识地作出躲闪动作。另外,临境感越强,用户就越难区分虚拟环境与现实环境。利用这一点,研究者可以通过观测用户当前行为对应的是虚拟环境还是现实环境中的刺激目标,来推测用户临境感的强弱。在斯莱特等人(Slater, Usoh, & Steed, 1995)的研究中,研究者首先让被试在真实环境中看到一台收音机,随后进入虚拟环境,看到在同样位置摆放的一台虚拟收音机。随后,研究者改变真实收音机所在的位置,并且放出声音,要求被试指出真实收音机的正确位置。实验结果发现,被

身临其境

那些
被VR影响的
心灵、
身体与社会

图1.1 虚拟坑
参考资料:Sanchezvives & Slater,2005

试的临境感越强,就越有可能指向虚拟环境中收音机的位置,而非真实收音机的位置,由此表明这种方法的确可以用于测量临境感。

影响临境感的因素

基于上述测量临境感的方法,研究者们探究了影响临境感的因素。

桑切斯维韦斯和斯莱特(Sanchezvives & Slater,2005)的相关综述总结了影响临境感的主要因素:

(1)硬件设备的指标。例如,显示图像的刷新率和用户报告的临境感强度具有正相关,能够产生临境感的最小刷新率为15赫兹(Barfield & Hendrix,1995)。又如,用户头部移动追踪设备的检测延迟也与临境感密切相关,移动追踪的延迟越小,临境感越强(Meehan et al.,2003; Hendrix & Barfield,1996a,1996b; Barfield, Baird, & Bjorneseth,1998; Barfield, Hendrix, & Bystrom,1999; Ijsselsteijn et al.,2001)。

(2)阴影。现实世界中总是充满光影,阴影是影响用户视觉真实性感受的重要因素之一。有研究指出,在虚拟场景中使用动态移动的阴影要比使用静态阴影或者没有阴影更能引发强烈的临境感。

(3)声音。声音对临境感有很大的影响。有研究表明,与没有特定方位的声音或没有声音相比,有特定方位的声音会增强用户的临境感(Hendrix & Barfield,1996b)。另外,在虚拟场景中,与视觉信息同步的声音可以提高用户的自我运动感,而这种自我运动感的提高也有助于增强临境感。

(4)触觉反馈。触觉反馈对增强临境感的作用非常明显。以使

身临其境

那些
被VR影响的
心灵、
身体与社会

用虚拟坑的实验为例,当现实中有真实的木质地板与虚拟坑周围的虚拟木质地板相匹配时,靠近虚拟坑的用户能得到真实木质地板的触觉反馈,从而获得更强的临境感。现在许多企业与研究机构非常重视触觉模拟的研发,也正是看到了触觉模拟对于增强临境感的重要性。

(5)虚拟化身。所谓虚拟化身是指用户自己在VR中的身体形象。常用的虚拟化身有完整的3D人体模型,或者是部分身体(如手部)的3D模型。研究显示,在VR中拥有虚拟化身的用户,要比在VR中没有虚拟化身的用户拥有更强的临境感(Meehan et al., 2002)。有关虚拟化身的研究,我们会在本书第二章中详细叙述。

(6)本体运动反馈。由于现在的头戴式显示器基本都有数据线与计算机相连,并且监控头戴式显示器位置和朝向的传感器只能支持在一定距离(通常是数米)内的追踪,所以用户在VR环境中无法大范围地行走,否则不是扯到数据线就是撞到墙。因此,目前在VR中的移动通常通过操作输入设备(比如和VR头盔配套的控制手柄)来实现。有研究显示,让用户通过真实行走来控制其在VR中的移动,可以增强用户的临境感,而且可行走的范围越大,临境感就越强(Slater, Usoh, & Steed, 1995; Usoh et al., 1999)。有关VR中移动方式的探讨,我们会在本书第二章"VR影响空间认知"部分详细叙述。

综上所述,VR中的内容与现实场景越接近,用户体验到的临境感就越强。你可能会猜测,临境感尤其应该与VR提供的视觉模拟的真实程度相关。令人惊讶的是,目前为止,除了前面提到的阴影对临境感的增强有帮助外,并没有研究表明高度真实的3D效果会比低仿真的3D效果带来更强的临境感。对开发者来说,这其实是一件好事,因为这意味着在视觉内容上,我们可以用更具想象力的方式来设计,而不需要完美地重构现实世界。

其实，VR环境中一些不易被察觉的巧妙设计反倒更能增强临境感。比如李等人（Lee et al., 2016）的研究注意到了一条现实世界中隐蔽而重要的规则：人们经常在不经意间通过物体产生间接的物理交互。比如，当一个人将饮料罐递给另一个人时，虽然两个人的手没有碰在一起，但是力会通过饮料罐在两人间传递。李等人借鉴了这一思路，在他们的研究中，一组被试在VR中坐在一张桌子前，与对面的虚拟化身一起玩游戏。同时，在真实世界中，被试也把手放在一张桌子上。当对面的虚拟化身将手压在桌上时，VR中的桌子会略微倾斜，与真实世界中对应的桌子的倾斜保持一致。实验结果显示，在这样的条件下，被试的确会产生更强的临境感。

小　结

临境感是VR体验的核心。事实上，临境感正是通过影响用户的VR体验对VR应用产品的效果产生至关重要的影响的。在本书第三章中会提到，临境感与VR心理治疗的效果和VR镇痛的效果等都高度相关。临境感越强，用户就越感觉自己身处VR世界。因此，要设计一款优秀的VR产品，想方设法增强临境感是重中之重。

在未来，使用理想的VR产品时，用户的超强临境感将使他们无法区分虚拟世界与现实世界，正如电影《黑客帝国》中所描绘的那样。然而，目前的VR技术还处于初级发展阶段，在带给用户的临境感上还有很大的提升空间。尚未完全成熟的VR技术所具有的特点正在悄然地影响着VR用户，这种影响首先最直接地发生在人们的心理层面。在第二章中，我们开始讨论VR对人的心理认知的影响，从虚拟身体到虚拟空间，逐步剖析VR的心理魔力。

第二章

VR如何影响
心理认知
VR And Cognition

第二章

VR如何影响
心理认知

自人类诞生以来,经过漫长演化,人类的大脑已学会了如何适应这个世界。人类的大脑是如此精密,它让我们能够自如地操控身体,轻易地找到食物所在地与回家的路,记住谁是自己的亲人与朋友,谁是危险的敌人。

然而,当我们进入VR世界,我们突然就进入了一个大脑并不熟悉的领域。在这个世界中,许多全新的特征需要大脑重新适应。VR就像某种魔法,悄无声息地影响着用户的大脑。大脑需要在这个新环境中重新学习在现实中很熟悉的内容——操控自己的身体,找到食物的所在地和回家的路,记忆事物等。

在本章中,我们将仔细探讨这些问题。

> 身临其境

> 那些
> 被VR影响的
> 心灵、
> 身体与社会

VR影响自我认知

如果人生可以重来，你会不会想把自己变成另一个人，开启一段与现在完全不同的生活？

对于每一个人，性别、肤色、容貌、种族等特征都不是自己能决定的。除非借助特殊的措施（如整容、变性等），否则我们无法变成另一副模样。现在，VR的出现改变了这个事实。在虚拟世界中，你可以轻而易举地换上金城武或苏菲·玛索的脸，换上施瓦辛格或姚明的身材；你还可以任意选择肤色，并自行决定成为男人还是女人；你甚至可以和别人交换身体，或使自己成为无形的灵魂，在空中俯瞰自己的躯体。

戴上VR头盔后，你将看不见自己真实的身体。当你进行某些运动，比如摆动手部，你会看到计算机程序绘制的虚拟手在进行相应的动作。虚拟现实的特殊之处正在于此，它可以使我们忽略自己原本的身体，取而代之以新的自我形象。对于那些支持多用户交互的VR应用，为每个用户提供虚拟化身是必不可少的。正如《黑客帝国》中描绘的那样，在不久的未来，人们将花费大量时间于VR世界中，以全新的自我形象与他人共处。

"没错，那个虚拟化身就是我"

如何才能让VR用户觉得从未见过的虚拟化身就是自己呢？通

过实验室研究,研究者们发现了两种有效的办法。

第一种方法是采用虚拟镜(virtual mirror)技术。比如在巴纳库和斯莱特(Banakou & Slater, 2014)的研究中,主试在被试全身的主要关节部位粘上追踪标记,使得实验室的动作捕捉系统可以实时跟踪被试的身体运动情况。被试戴上虚拟头盔后,会在VR场景中看到一面虚拟镜子,在镜子中,被试可以看到自己的虚拟化身的映像(见图2.1)。这个虚拟化身的映像会跟随用户的动作实时变化,就好像我们平常在镜子中看到自己的虚像那样。在体验一段时间的虚拟镜之后,被试会产生一种镜中映像就是自己身体镜像的强烈错觉,最终认为镜中的虚拟化身就是自己。

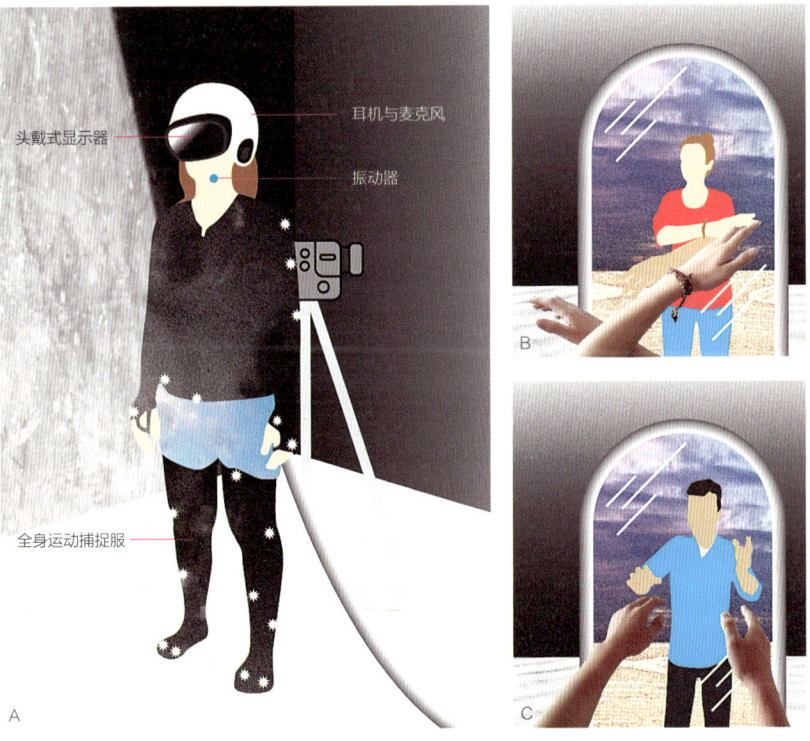

图2.1 虚拟镜子
注:A图为实验中被试的硬件配置;B图、C图为镜中的虚拟化身随被试运动而运动

第二种方法是利用"视觉—触觉"同步技术。比如在佩特科娃和埃尔松（Petkova & Ehrsson, 2008）的研究中，主试在一个假人的头部安装摄像头，当被试戴上VR头盔后，视角是假人低头看到自己身体的画面。被试被分为两组：对于实验组的被试，主试同时轻刷被试和假人的腹部；而对于控制组的被试，主试异步地轻刷两者的腹部（见图2.2）。两组被试的轻刷过程均持续两分钟左右。相较控制组，实验组的被试强烈感觉到假人的身体就是自己的身体。为了更进一步地证实这种主观感受，主试还进行了一个"恶作剧"测试——将一把小刀靠近假人的身体，实验组的被试都会下意识地作出闪躲的动作，就好像这把小刀是真的在逼近自己的腹部。由此可见，当身体的视觉感受和触觉感受完全同步时，被试会强烈地感觉到虚拟化身就是自己。

上述两种方法的共同点是，让用户看到的虚拟信息与其体验到的另一种（或多种）感觉信息保持一致。虚拟镜技术使用的是视觉与本体感觉的同步。如果用户在运动时，镜子中的虚拟化身保持静止或按

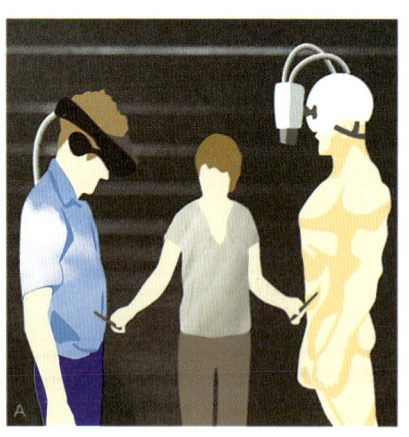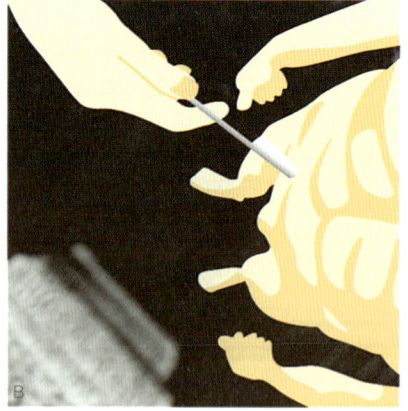

图2.2 "视觉—触觉"同步
注：A图为主试同时轻刷被试和假人的腹部；B图为被试的主观视角
资料来源：Petkova & Ehrsson, 2008

其他完全无关的方式运动,用户就不会产生强烈的身体拥有感。类似地,对于"视觉—触觉"同步技术,如果用户在看到假人的身体被接触时没有接收到相应的触觉信号,也同样不会感觉假人的身体就是自己的。这也表明,运动捕捉与触觉反馈这两种技术对于VR中身体拥有感的形成非常重要。

适应虚拟化身

对VR中的虚拟化身产生拥有感之后,如果虚拟化身和我们本来的形象相差甚远,我们是否能够有效地适应这种差异?这个问题的意义在于,至少在现阶段,VR开发者很难让用户的虚拟化身和其自身形象一模一样。对于很多需要使用虚拟化身的VR应用,用户的虚拟化身更可能是抽象的卡通人偶(脸书社交VR的虚拟化身便是如此);对于一些特殊的VR应用,开发者可能希望有意地设计一些非人的虚拟化身。比如,若要以夏目漱石的名作《我是猫》来设计一款游戏,那用一只猫的形象作为用户的虚拟化身自然更为贴切。

适应虚拟化身的第一个层次是,让用户在主观上接受自己的虚拟形象。这与前文提到的身体拥有感类似,不过前文提及的身体拥有感多针对正常的人形虚拟化身;当虚拟形象变得十分特殊时,这种身体拥有感还能延续吗?吉尔特尼等人(Kilteni et al., 2012)的研究探讨了这一问题。

被试坐在两张桌前,两只手分别放在两张桌上。随后被试进入VR中,看到的画面是两只虚拟手分别放在两张桌上(见图2.3中的A图)。由于使用了动作捕捉系统,当被试活动自己的手时,看到的虚拟手也会有对应运动,这种"视觉—运动"的同步可以让被试对虚拟

图2.3 变长的手
注：A图为两只虚拟手分别放在两张桌上；B图为虚拟手逐渐拉长
资料来源：Kilteni et al., 2012

手臂产生身体拥有感。在让被试体验过这种"视觉—运动"同步后，慢慢将VR中的一张桌子向前移动，与之对应，放在这张桌子上的虚拟手会随着桌子的向前移动被慢慢地拉长。最终被试看到的是如图2.3中B图所示的奇怪场景。

研究者仍采用恶作剧的方式来测试被试对虚拟手臂的拥有感：当一个铁球砸向被试的被拉长的虚拟手时，被试与之对应的真实手出现了下意识的躲避行为。这表明，即使虚拟手的形象与真实手的形象差异很大，用户仍可能对虚拟手产生强烈的拥有感。

适应虚拟化身的第二个层次是，自如地控制虚拟身体与虚拟环境中的物体进行互动。依然以《我是猫》的假想游戏为例，当虚拟化身是一只猫时，假定游戏中还设计了对猫尾巴的控制功能，用户要想适应这副猫身，就需要自如地控制猫尾巴与虚拟环境进行互动。

人能否自如地使用特殊的虚拟身体呢？翁等人（Won et al., 2015）设计了一个有趣的实验，用来测试当VR中的四肢变得不同

| 正常组 | 交换组 | 扩展组 |

图2.4 适应虚拟身体
资料来源：Won et al., 2015

时，人适应虚拟化身的能力。这个VR实验要求被试在10分钟内尽可能多次触碰目标物品，被试被分成三组（见图2.4）：

（1）正常组，被试的手和脚分别操纵虚拟身体的手和脚；

（2）交换组，被试的手操纵虚拟身体的脚，被试的脚操纵虚拟身体的手，但是虚拟身体的手的活动范围被限制（即不会被抬得太高），而虚拟身体的脚的活动范围被放大；

（3）拓展组，和正常组一样，被试的手和脚分别操纵虚拟身体的手和脚，但是被试的脚的运动幅度反映在虚拟身体上时会被放大，而被试的手的运动幅度反映在虚拟身体上时会被限制。由此导致当被试将脚适度地抬起时，虚拟身体的脚会抬到过肩的高度；而当被试举起手时，虚拟身体的手看上去只是向前伸，就像平时我们拿桌面上的水杯时的动作。

也就是说，从正常组到交换组，再到拓展组，被试虚拟脚的控制范围逐渐增加，而虚拟手的控制范围逐渐减小。实验结果发现，随着虚拟脚控制范围增加，被试更多地使用虚拟脚去触碰目标。就完成任务的表现而言，交换组的表现显著劣于另外两组，而正常组和扩展组的表现没有差异。这些结果表明，用户有可能在很短的时间内适应特殊的虚拟身体，但前提或许是虚拟身体的控制方式不能完全违背自然的控制方式（如交换组）。

在另一个实验中，翁等人探究了被试使用"第三只手"的能力。所谓"第三只手"是指实验组的被试除了可以正常控制左右两只虚拟手外，还可以控制一只长度是正常手1.5倍的"魔术手"。当被试旋转自己的右手时，"第三只手"向前伸；而当被试旋转自己的左手时，"第三只手"向后拉。

实验任务同样是根据指令触碰目标。如图2.5所示，物体分为两排，被试可以直接伸手碰到第一排的物体，但无法直接触碰到第二排的物体。对于控制组的被试，他们要想触碰到第二排的物体就必须向前移动身体；而对于有"第三只手"的实验组被试，他们可以在不向前走的情况下，通过操作"第三只手"触碰到后排的目标。

实验结果发现，随着任务时间的推移，两组被试的表现都会持续提高，直至达到稳定水平。在任务刚开始时，控制组被试的表现要优于实验组被试；但随着任务时间增加，实验组被试的表现逐渐超过了控制组被试。在两组被试的表现水平都稳定下来后，实验组被试有着更高的任务完成绩效。这些结果说明，只要有充分的适应时间，VR用户能够适应具有"第三只手"的奇怪身体，并且可以利用新身体获得更高效的表现。

综上所述，人脑是完全可以适应虚拟化身的。用户不但会在主观上接受赋予自己的虚拟化身，而且能够在很短的时间内学会控制虚拟化身的方法，即使这个虚拟化身不是正常的人体（但虚拟化身的操控方式不宜过分违反常理）。

被试操作"第三只手"的侧视图和俯视图

实验过程的主观示意图和俯视图

图2.5 第三只手
资料来源：Won et al., 2015

虚拟化身对用户心理的影响

社会心理学研究表明，一个人的容貌与身材往往会影响其行为。比如拥有壮硕身材的男性通常表现得更自信并更具男子气概。人们在社交网络上使用的头像、QQ秀等虚拟形象也往往会对用户的心理状态产生影响。那么，在对虚拟化身产生了身体拥有感并适应了对虚拟身体的控制后，虚拟化身是否同样会影响用户的心理认知，进而改变其行为呢？

在这一研究领域，斯坦福大学学者叶（Nick Yee）开展了许多开

身临其境

那些
被VR影响的
心灵、
身体与社会

创性的研究工作,并且发现了一种被称为"海神效应"(the Proteus effect)的现象。普罗透斯(Proteus)是古希腊神话中可以不断变化自身外形的海神,叶等人想借此表达人们的行为会受他们在虚拟世界中的虚拟形象的影响。

叶等人(Yee, Bailenson, & Ducheneaut, 2009)的一个实验让被试在虚拟现实中拥有不同的身高。有些被试的虚拟身高会比真实身高矮一点,有些保持不变,有些则比真实身高高一点。由于身高变化的幅度很小,被试们并没有明显察觉到这种改变。但有意思的是,当虚拟身高比真实身高更高时,被试在进行谈判任务时往往能够获益更多。而对于那些虚拟身高比真实身高更矮的被试,他们在谈判中接受不平等条款的比例比另外两组高两倍。可见,虚拟化身的身高能无意识地对人的行为产生影响。

叶等人(Yee, Bailenson, & Ducheneaut, 2009)的另一个实验探讨了虚拟化身的相貌对用户行为的影响。在这个实验中,一部分被试的虚拟化身相对其貌不扬,另一部分被试的虚拟化身则颜值较高。被试们在虚拟世界中以虚拟化身的形象持续聊天20分钟,聊天的话题是一些生活琐事。结果发现,那些虚拟化身颜值较高的被试表现得更加自信。他们与人交流时距离他人更近,有的甚至进入了他人的私人空间(普通人聊天时都会保持一定的距离,只有非常亲密的朋友才会进入对方的私人空间,即0.5米之内)。对实验不知情的评价者记录了被试透露的个人信息的数量,结果发现,那些虚拟化身颜值较高的被试透露的个人信息更多。

叶等人的研究表明,虚拟化身的确会对用户的心理产生影响,进而改变用户的行为。那么,这种影响是只停留在VR中,还是有可能在用户的真实生活中得到延续?在上述改变身高的实验中,被试完成了VR中的谈判任务后，还被要求在现实中面对面进行同样的谈判。为排除现实中身高差别的影响，研究者调整了被试所坐的椅子的高度，使两名被试坐下来后高度相同。实验结果发现，那些在VR中获得较高身高的被试，同样能更多地取得谈判的成功。

在上述控制虚拟化身相貌的实验中，被试在结束VR任务25分钟后被要求参与另一个实验。在新的实验中，被试需要在一个约会网站上选择自己的心仪对象并准备相亲。实验结果发现，那些在VR中获得高颜值虚拟化身的被试，会倾向选择更好看的人作为心仪对象。可见，在VR中获得高颜值虚拟化身的被试获得了更多的自信，并且这种提升的自信心延续到了真实世界。

既然虚拟化身的形象对用户的心理与行为的影响可以延续到现实中，那么是否可以利用这种效应去解决一些与社会态度相关的现实问题呢？事实上，已有许多研究者将海神效应运用在消除种族刻板印象上，具体内容我们会在第四章讨论VR对社会的影响时详述。

另一种广受关注的对海神效应的应用是对进食障碍相关疾病的治疗。其基本原理是，让患者对体态健康的虚拟身体产生拥有感，从而改善患者对自己身材的认知，进而改变其对进食的态度。这方面的具体内容将在讨论VR与健康的关系的章节中叙述。

在VR中感受"灵魂出窍"

相信许多人都想知道"灵魂出窍"是一种怎样的体验。VR既可以让用户的身体拥有感从真实的肉体转移到某个具体的虚拟化身上，也可以在没有任何虚拟化身的情况下，让用户的身体拥有感投射到身体之外的某处，从而产生"灵魂出窍"的感觉。

第二章

VR如何影响
心理认知

身临其境

那些
被VR影响的
心灵、
身体与社会

在科学上,"灵魂出窍"又被称为"离身体验"(out-of-body experience,简称OBE),是指在清醒的状态下,从真实身体之外的某个地方看到自己身体的一种体验,即意识中心位于物理身体之外,体验者从其他人的视角来观察自己(Ehrsson,2007)。离身体验曾在许多脑功能失调的临床案例中被报道过,包括中风、部分癫痫发作、毒品滥用等。现在借助VR,人们能够更加方便地体验"灵魂出窍"。

2007年发表在《科学》(Science)杂志上的两项研究采用了类似的手法——用VR达到"灵魂出窍"的效果。在埃尔松(Ehrsson,2007)的研究中,被试戴着头戴式显示器坐在椅子上,头戴式显示器与两个位于被试背后约两米远的摄像头相连,因而被试在头戴式显示器中能够从摄像机的视角看到自己的背部。实验者位于被试和摄像头之间,采用"视觉—触觉"同步技术,使用两个塑料棍同时戳被试真正的胸和摄像机稍微偏下的位置。主观问卷的结果显示,当"视觉—触觉"同步时,被试会报告有强烈的"灵魂出窍"的感觉。除了被试的主观报告外,研究者还采用了皮肤电的测量手段。当研究者假装用锤子砸向摄像机时,相较非同步组被试,同步组被试的皮肤电阻更小,这表明同步组被试更可能误以为锤子是向自己砸来的。

在伦根哈格尔等人(Lengenhager et al.,2007)的实验中,同样让与头戴式显示器相连的摄像机置于身体之后,但这回主试只用小木棒轻刮被试的背部,而不对摄像机进行任何操作(见图2.6)。有趣的是,被试报告感觉到自己的身体在自己(意识)的前方几米处。当摘下被试的头戴式显示器,让其从摄像机处出发,重新回到刚才所在的位置时,被试回到的位置并非之前所站的位置,而是之前位置前面几米远的地方。由于被试感受到触觉刺激时,视觉线索并没有提示被试的意识在其他地方,但被试看到自己的身体确实是在眼前几米处。

图2.6 灵魂出窍
资料来源：Lengenhager et al., 2007

由此产生的效果是，被试的意识中心还在实际站的位置，而看到的自己的身体却在另一个位置，从而感到身心分离。

VR提供的这种"灵魂出窍"体验有什么应用价值呢？研究者目前已经找到两个应用方向：一个方向是让人与人之间产生身体交换之感，从而促进换位思考；另一个方向是通过"灵魂出窍"之感，减少人们对死亡的恐惧。

在佩特科娃和埃尔松（Petkova & Ehrsson, 2008）的实验中，被试戴着与摄像机相连的头戴式显示器与主试面对面握手，而摄像机是从主试的视角记录两人握手的画面。也就是说，被试是以主试的视角在VR中同时看到自己和主试的身体。紧接着，被试和主试以相同的频率握紧手掌和放松，反复约两分钟后，被试会觉得主试的手才是自己的，而自己的意识存在于主试的身体之内，正在和自己的身体握手。当用刀逼近主试的手时，与逼近自己的手相比，被试甚至会出现更强烈的恐惧反应。可见，被试已经将主试的身体当成自己的身体。

在布尔丹等人（Bourdin et al., 2017）的实验中，实验组和控制组的被试均在VR中以第三人称视角观看自己的虚拟身体（被试均已通过虚拟镜技术获得了对虚拟身体的拥有感）。区别在于，控制组被试的身体动作仍然会反映在虚拟身体上，而实验组被试的身体动作不再对虚拟身体产生影响（见图2.7）。另外，两组被试均会被一些小球碰撞，同时获得实际的触觉刺激。在实验组中，小球朝被试观测视角所在的位置撞去；而在控制组中，小球朝被试看到的自己的虚拟身体的位置撞去，这样做是为了让实验组的被试更强烈地感觉到自己的意识在身体之外的地方，而控制组的被试与之相反。问卷结果表明，相较控制组，实验组的被试对死亡的恐惧感明显减少了。这可能是因为，在体验"灵魂出窍"时，人们或多或少地会假想这就是死亡后的体验。当感觉到所谓的死亡不过尔尔时，他们对死亡的恐惧也就减弱了。

小 结

在这一节中，我们讨论了与VR虚拟化身有关的认知感受——身体拥有感。实验结果表明，当视觉与本体运动的感觉或触觉一致时，我们会将虚拟化身当成自己。即便控制虚拟化身的方式非常古怪，我们也能在很短的时间内适应对虚拟化身的操控，并自如地与环境进行互动。在接受了虚拟化身后，虚拟化身会反过来影响我们的行为与态度，即所谓的海神效应。利用海神效应，用户会在不知不觉中被影响，海神效应也因此具有很大的应用价值。

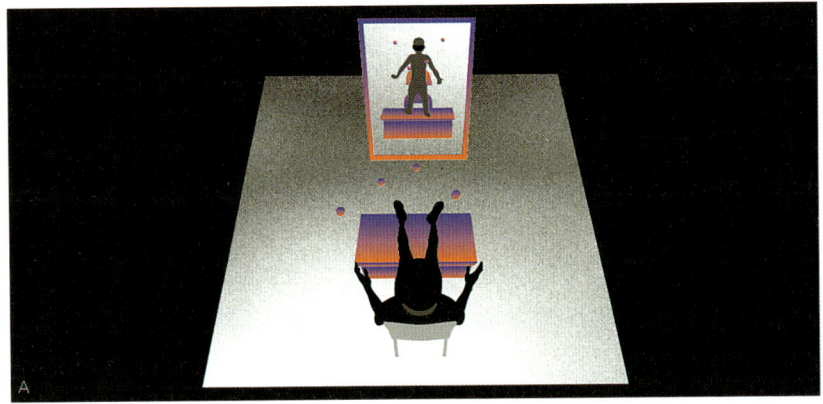

非离身视角：小球持续飞向虚拟身体，且虚拟身体的运动受被试身体运动的控制

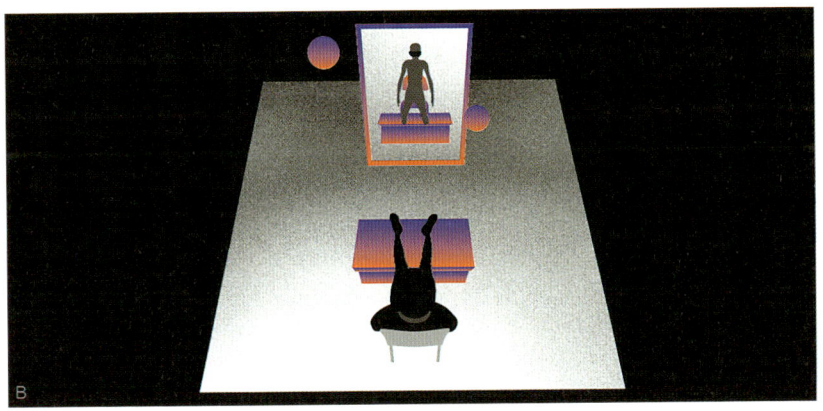

离身视角：小球持续飞向第一人称视角所在位置，且虚拟身体的运动不受被试身体运动的控制

图2.7 用"灵魂出窍"面对死亡
资料来源：Bourdin et al., 2017

VR还可以让人的意识与身体分离，这被称为离身体验。当分离出的意识处于其他人的物理身体内，就会产生身体交换的错觉；当分离出的意识不处于任何身体内，能从第三者的视角看到自己的身体时，就会产生"灵魂出窍"的感觉。对离身体验的研究刚刚起步，但已经有研究发现，离身体验的运用能改变我们对一些事物的看法。比如，让被试想象离开自己的身体后的新视角，被试会有更快的空间信息加工速度。尤其在自己不熟悉的场景中，他们能够更快地指出物体

身临其境

与物体之间的方位关系（Amorim, 2003）。如果利用VR而非借助想象，更强的临境感会让离身体验更加真实，从而可能更好地提高人的空间信息加工速度和观点采择能力。

VR可以打破我们身体与意识的原有连接，使得外在形象得以重塑，并反过来影响我们对自己和其他事物的理解。在本章的后两节中，我们将讨论VR中其他因素对人的影响。这种影响首先发生在对空间的认知上，包括空间巡航与距离感知。

VR影响空间认知

第二章

VR如何影响

心理认知

你从家开车去一家常去的大型百货超市，无须借助GPS导航，就能很轻松地到达目的地。随后，你将车停在了地下停车场的某个停车位上。当你购物结束准备回家，重新回到地下停车场，你稍作思考，不太费劲就找到了停车的位置。我们在日常生活中经常要进行这种与"空间"相关的行为。这种"基于一定目标，从某个空间位置移动到另一个空间位置"的行为被称为"空间巡航"（navigation）。尽管我们已经习惯了这种空间巡航行为，但其背后的心理过程并不简单，它依赖人的空间记忆和对一系列感觉输入（包括视觉、听觉、运动反馈和本体感觉）的处理，以及对空间心理表征的操作。心理学上将支持空间巡航的心理能力统称为空间能力。那些在日常生活中有些"路痴"的人，其空间能力往往较差。

VR不仅能提供丰富的三维场景信息，还能够在有限的物理空间内创造出无穷的虚拟空间。用户不但可以观看VR场景中的内容，还可以在VR世界中无限地移动。但是，当你在VR中移动时，很快你就会发现，在VR中你经常搞不清正确的路线。学者对这种VR迷航（disorientation）现象进行了研究，各方面的证据也表明这是一种稳定的现象。试想，你在VR中与伴侣约好在某地见面，却费了好半天才找着地方，恐怕这次约会的感受就要大打折扣了。

那么，这种"VR路痴"现象究竟是怎么回事呢？

身临其境

——

那些
被VR影响的
心灵、
身体与社会

在VR中迷失方向

人是多感官动物。即便是在空间巡航这样的简单任务中，大脑也需要综合各种感官的输入信息后再作出判断与决策。目前，VR技术仍以视觉模拟为主，缺少逼真的多感官模拟，其他感觉（如前庭觉、触觉、本体感觉等）的缺失可能会使VR中的空间巡航任务变得更困难。

如果要你从家里出发走一小段路，稍微转个弯，然后蒙上眼睛从当前的位置指出你家的方向，相信对大部分人来说，这是一个简单任务。在VR中，情况仍然如此吗？实际上，在VR应用中，用户很多时候是无法在场景内进行远距离行走的。比如，现实中你可能是在自家的客厅里玩游戏，而虚拟的场景可能是一个公园。因此，VR中的移动很多时候是利用控制杆来完成的。也就是说，用户其实没有发生物理运动，只是通过控制杆调整其虚拟化身在VR场景中的位置。用户的主观体验有点类似于开车时的感觉，但与开车不同的是，开车时司机仍有实际物理运动（前庭觉刺激依然存在），但在VR中依靠控制杆的空间巡航运动除了视觉刺激外再没有其他的感官刺激。那么，在这种完全由视觉刺激定义的空间巡航任务中，人的任务完成绩效有多高呢？

当人运动时，视场中的所有物体都会朝与运动相反的方向移动，这种移动的视觉流在视网膜上会产生连续的光流刺激（optic flow）。光流刺激中包含了运动的速度与朝向等关键信息，因此很多空间巡航能力的研究都采用光流刺激来模拟运动。在里克（Riecke，2007，2012）的研究中，被试被动地观看光流刺激，感觉好像行走在一条折线形的路径上。光流刺激结束后，被试需要完成起点指向任务，即指

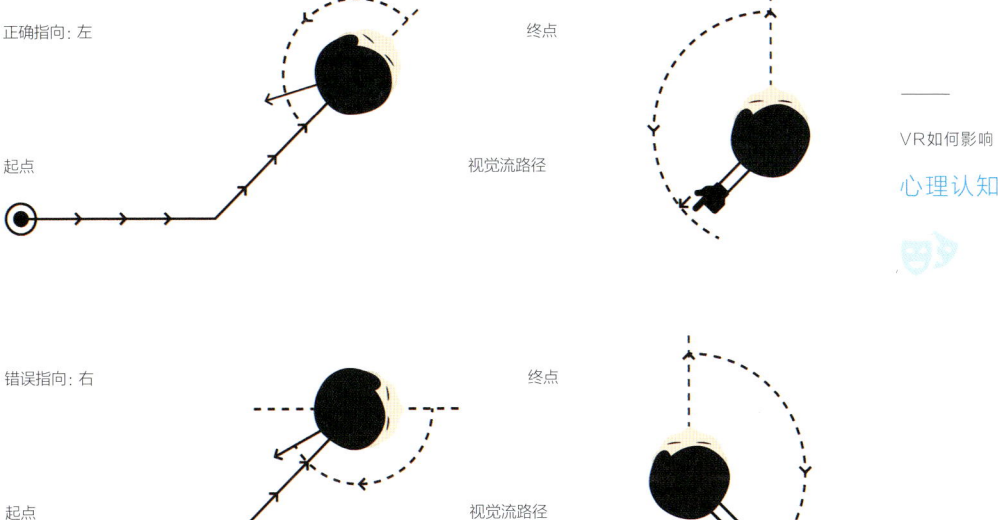

图2.8　VR中的空间迷航

出运动开始时起点位置的正确方向(见图2.8)。令人惊讶的是,有大约40%的被试出现了左右相反的指向错误,并且这些出错的被试要比没有出错的被试有更大的角度偏差。进一步分析表明,出现左右相反错误的原因是,他们没有在接受光流刺激的过程中正确理解自己头部朝向的转变。这些被试在后续的空间能力测试中的表现也相对较差。

为什么在里克的实验中,许多被试的方向感会变得如此差呢?答案是,实验中的被试仅有视觉反馈而没有本体运动反馈。本体运动反馈是指,在真实行走的过程中,身体的本体运动感受器接收到的相关运动信息。比如,脚部各关节的弯曲程度可以告诉大脑我们行走的步态与步幅信息。因此,即使在完全黑暗的环境中(或者闭上眼睛)行走,也能大致感觉到自身运动的方向与速度。本体运动反馈是帮助理解自身相对周围环境位置变化的重要线索之一。同样是在里克的实验中,当被试在真实环境中闭眼完成与在VR中相同的移动与指向任务时,并没有任何被试出现左右相反的错误。因此,对于拯救"VR路痴",一个办法就是提供本体运动反馈。

VR中的空间巡航方式

人在空间巡航任务中的运动形式主要有平移与旋转两种。然而,目前VR中的空间巡航由于受到有限现实物理空间的限制,用户无法进行大范围的真实行走。因此,VR中主流的运动控制方式主要分为"全运动"控制与"旋转+"控制两种(见图2.9)。"全运动"控制是指用户通过现实世界中的真实行走来控制VR中的移动,这种方式适用

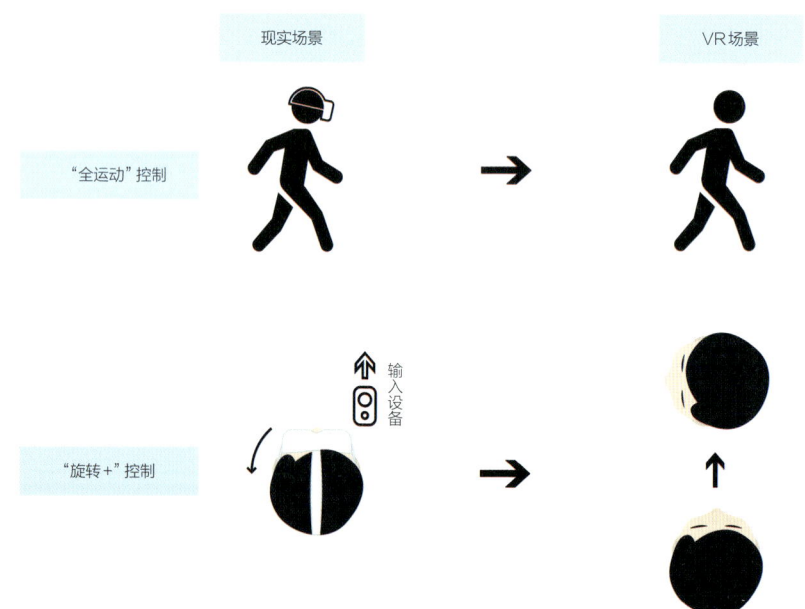

图2.9　VR中的两种不同的空间巡航方式

于VR场景比较小的应用;"旋转+"控制是指用户通过真实的身体旋转来控制VR中的转向,并采用某种输入设备(键盘、操纵杆等)进行平移运动。

那么,上述两种空间巡航方式哪种更好呢?一方面,"全运动"控制更加真实自然,容易掌握;另一方面,如果使用"旋转+"控制的效能和"全运动"控制的效能相当,则不但为用户节省了体力,而且放宽了对实际物理场地大小的要求。

拉德尔和莱塞斯(Ruddle & Lessels,2009)以及里克等人(Riecke et al.,2010)分别对这两种VR运动控制方式的任务绩效进行了比较。在这两项研究中,被试分别使用"全运动"控制与"旋转+"控制在VR场景中完成特定目标搜索任务。被试需要靠近VR场景内的一些基座,检查基座上的盒子里是否有目标物品,所有目标物品被找到后任务结束。任务完成时,如果每个目标物品和非目标物品都只被查看过一次,则认为该次搜索任务成功,否则认定为任务失败(但任务仍会持续到所有目标物品被发现)。

这两项研究都采用任务成功率作为衡量被试空间巡航表现的指标,但得出了相反的结果:拉德尔和莱塞斯的研究发现,"全运动"控制条件下的任务成功率(90%)要显著大于"旋转+"控制条件下的任务成功率(43%);而里克等人的研究显示,"全运动"控制条件下的任务成功率和"旋转+"控制条件下的任务成功率没有显著差异,并且两种条件完成任务所用时间及平均回访次数也没有显著差异。因此,两篇文献得出了截然相反的结论:拉德尔和莱塞斯认为,在VR中的空间移动仅使用"旋转+"控制是不够的;而里克等人认为,只采用"旋转+"控制VR中的空间移动就足以得到和"全运动"控制相当的效果。

两项研究中的一些细节差异或许能解释它们为何得到相反的结果。

（1）场景细节和任务难度：里克等人的研究中使用的VR场景缺少细节，并且搜索任务的难度更大。可能正是因为如此，导致即便在"全运动"控制条件下，被试的任务绩效也很差（即出现了地板效应）。

（2）"旋转+"控制条件下的平移速度不同：在"旋转+"控制条件下，用户在VR中的平移速度是由程序设定的。在拉德尔和莱塞斯的研究中，被试的平移速度是匀速的（v=1 m/s）；而在里克等人的研究中，被试可以更自由地控制平移速度（0≤v≤1 m/s）。

拉德尔和莱塞斯分析被试的移动路径后发现，在"旋转+"控制条件下，被试更多地重复查看之前看过的区域，从而导致任务失败。这暗示在"旋转+"控制条件下，被试可能更容易忘记之前经过的位置。其他人的研究也显示，不自然的移动控制方式可能会使用户在VR环境中的认知（记忆）负荷加大，从而导致空间认知任务的完成绩效降低。

"魔法扫帚"

按照具体控制设备与移动效果的不同，"旋转+"控制又可分为瞬移式控制、凝视方向（gaze-direct）控制和指向（pointing）控制三种。瞬移式控制是指通过按下控制手柄的按钮在VR中发射出一条射线，将射线指向某处落脚点后再松开按钮，用户就会瞬间移动到该处。这种控制方式的好处是它使移动变得十分迅速，并且不会引起较大的"视觉—前庭觉冲突"，能有效降低产生晕动症的可能性（关于晕动症的研究将在本书第三章中详述）。但瞬移式控制使用户的运动变得不连续，缺少自我运动感。

凝视方向控制是指用户用头部朝向来控制移动的前进方向，即朝哪儿看就向哪儿移动。指向控制则是指用户通过旋转控制手柄的朝向来控制移动的前进方向。在这种控制方式下，用户在VR中的移动有点像骑着一把《哈利·波特》(Harry Potter)中的魔法扫帚（尤其当应用支持在三维空间中向上和向下移动时）。指向控制与凝视方向控制的最大差别在于，在移动过程中，后者的用户可以自由转动头部，而不用担心会改变前进方向。

以往有研究对凝视方向控制与指向控制这两种控制方式进行过比较，均未发现两者在工效学方面存在显著差异。但是在最近的一项研究中，克里斯托（Christou, 2016）提出了一种可能，即这两种运动控制方式影响的大小与VR设备提供的视场大小以及环境仿真程度有关。在他们的研究中，VR显示设备不再用头戴式显示器（普通头戴式显示器的视场一般是60°），而是使用基于多面投影墙的洞穴式立体显示系统（视场为110°），并且采用了更加逼真的VR场景（一个虚拟的乡村，由许多乡间小路、矮房、树木以及山脉等元素组成）。被试的任务是从指定的起点移动到指定的目的地。由于场景布局的特殊设计，被试无法在起点看到目的地的位置。从起点到目的地只有一条正确的道路，被试必须在开始操作前记住由实验者提供的路线图，并在移动过程中不断识别周围的环境以确保走在正确的路线上。实验中，被试分别采用凝视方向控制与指向控制这两种空间巡航控制方式。

研究采用了三项指标来衡量被试的空间巡航绩效，分别是成功率（在80秒内到达目的地附近才算成功）、成功到达目的地所花费的时间，以及在指定路线上移动的偏差程度（系统会实时记录被试的移动轨迹,然后统计出被试的移动轨迹与指定的路线轨迹的总偏差值)。实验采用被试内设计,每个被试都要使用凝视方向控制与指向控制这两种控制方式进行空间巡航。结果显示,对于上述三项指标,指向控制方式下的表现要显著优于凝视方向控制方式下的表现。这表明,在大视场仿真VR场景中,指向控制方式优于凝视方向控制方式。

小 结

在这一节中,我们讨论了VR对人的空间巡航的影响,以及VR中不同的运动控制方式对空间巡航任务绩效的影响。缺乏本体运动反馈可能是造成"VR路痴"现象的主要原因,环境线索的丰富程度、VR中的移动控制方式等也都会对VR中的空间巡航任务绩效产生影响。"全运动"控制方式由于保持了完整的本体运动反馈,能使用户在VR中仍然保持良好的空间认知能力;但由于实际物理空间的限制,现阶段更多的VR应用采用的是"旋转+"控制方式,包括瞬移式控制、凝视方向控制和指向控制。瞬移式控制下的移动缺少自我运动感,而与凝视方向控制方式相比,指向控制方式下被试完成空间认知任务的绩效更好。

移动控制方式作为VR中的重要一环,在设计时需要考虑方方面面的问题。除了对空间认知的影响,是否与应用中的其他内容兼容也同样需要深思。但是,不可否认的是,能否保持良好的VR空间认知能力必然是VR用户体验的重要一环。可以想象一下,当你在VR游戏中被僵尸袭击,你想逃回大本营却因为迷失方向而跑到了僵尸扎堆的雷区,那一定是件非常郁闷的事。

VR 影响距离感知

第二章

VR 如何影响
心理认知

对空间的感知能力是完成空间巡航任务的基础,而距离感知又是空间感知的核心。日常生活中的绝大部分任务都与距离感知有关。比如,在开车时,司机需要估计出与周围车辆的距离,才能合理地控制车速和行驶方向以避免撞车;在打篮球时,运动员要先估计自己离篮筐的距离,才能决定投篮的力度;即便是伸手拿水杯这样的简单任务,大脑也是基于感知到的水杯与人的距离来决定手臂肌肉收缩的力度的。总而言之,距离感知是人在三维世界中不可或缺的重要能力。

被压缩的空间

大量研究表明,人的距离感知并不准确,在 2 米到 20 米的所谓运动空间范围内,人感知到的距离大约只有实际距离的 70%(Loomis & Philbeck, 2008; Li, Phillips, & Durgin, 2011; Li & Durgin, 2012)。但这种距离压缩并没有影响人的运动行为的有效性(比如前面举的开车与打篮球的例子),因为人的运动系统具有极强的适应性,运动控制系统会依据动作执行的好坏来调整控制强度,从而在视觉感知与运动控制之间建立一种动态匹配(mapping)关系。例如,观察者佩戴了光学棱镜后所看到的视觉景象与真实景象之间存在错位,从而影响其运动行为(比如投篮方向会偏移)。但在试投几次后,观察者就能快速地纠正这种错误,这一现象被称为棱镜适应。

VR出现后,最早一批使用VR进行的心理学研究大多是探讨空间感知的,因为VR技术使空间感知实验场景的搭建成本大大降低,于是实验效率大大提高。但研究者们意外发现,在VR中,距离感知被进一步压缩了。VR中感知到的距离大约只有真实世界中感知到的距离的70%。也就是说,如果算上真实世界中距离感知本身的压缩,VR中感知到的距离大约只有实际物理距离的50%。

由于人的运动控制的适应性,即便VR中存在如此大的视觉偏差,用户依然可以通过训练很好地完成任务。比如,玩家在VR中玩赛车游戏并不会遇到任何困难,问题出现在从VR向真实世界的转换中。最有市场前景的一项VR应用就是在VR中进行技能培训。例如,飞行员、航天员、运动员等特殊人员的特殊技能的培训,都有可能利用VR来完成。在VR中训练可以大大节约成本,降低因事故而造成的人员与财产损失概率。但问题是,如果VR中的空间感知与真实世界中的空间感知不同,那么当学员的运动控制适应了VR中的视觉偏差后,反而会在真实世界中感到不适应。因此,如何消除VR中的空间感知与真实世界中的空间感知的差别,引起了研究者们的兴趣。

影响VR空间压缩的因素

大量研究表明,多方面的因素都会影响空间压缩的程度。雷纳等人(Renner, Velichkovsky, & Helmert, 2013)的一篇综述总结了四大类影响VR空间压缩的因素,分别是测量因素、技术因素、环境因素与个体因素。

（1）测量因素。

事实上，不同测量方法测出的空间压缩程度存在很大差异。测量人的距离感知通常有两类方法，一类是基于运动的测量方法，一类是基于口头报告的测量方法。基于运动的测量方法中最常用的是盲走法（blindfolded walking）——要求被试闭上眼睛，从起点走到目标位置，以被试最终行走的距离来衡量被试的距离感知。基于口头报告的测量方法则是让被试报告目标距离的具体长度。研究显示，依据后者测量的距离只有真实距离的70%，而用盲走法测量的距离与真实距离非常接近（Loomis & Philbeck, 2008）。

这两类方法也被用于测量VR中的空间压缩程度。同样，尽管两种方法都能测出VR中空间压缩的程度，但使用基于运动的测量方法比使用基于口头报告的测量方法有更准确的距离估计。另外，改变一些刺激因素（比如VR画面的品质），仅会影响基于口头报告的测量方法，而不影响盲走法这类基于运动的测量方法（Kunz et al., 2009）。这或许是因为基于运动的测量方法和基于口头报告的测量方法所对应的心理过程不同，但也可能是因为前者对空间感知偏差不敏感。

（2）技术因素。

这里说的技术因素包括VR显示设备、图像品质、光学扭曲等方面的因素。在显示设备方面，不少研究都发现VR设备为用户提供的视场大小对VR中的空间压缩程度有显著影响。比如琼斯等人（Jones et al., 2012）发现，被试使用对角视场为150°的头戴式显示器时，要比使用对角视场仅为60°的头戴式显示器时，对距离的估计更准。克莱因等人（Klein et al., 2009）也发现，被试使用更大视场的洞穴式立体显示系统时，要比使用单面大屏幕有更准确的距离估计。而纳西利等人（Naceri et al., 2010）发现，使用单面大屏幕时的距离估计又好于使用头戴式显示器时的距离估计。但是,所有的VR显示设备均会导致不同程度的空间压缩现象。

VR中的图像品质是一个涵盖较广的概念,涉及VR的渲染风格(真实性渲染/非真实性渲染)、使用的视觉素材类型(全景图片/3D模型)以及视觉素材的精细程度等。有研究发现,被试在真实性渲染的VR环境中,使用盲走法进行距离判断的准确性要显著高于在内容相同的非真实性渲染环境中的距离判断(Interrante, Ries, & Anderson, 2006; Phillips et al., 2006)。在这两项研究中,被试所处的VR环境与其所处的真实环境完全相同,结果发现,在真实性渲染的VR环境中的距离估计与在真实环境中的距离估计一致。

由于VR头盔中的光学棱镜的作用,使用VR头盔后呈现的画面可能存在几何扭曲。许多研究表明,这种几何扭曲会影响被试距离估计的准确度。另外,VR中模拟的用户眼高与用户的实际眼高不匹配时,也会影响被试的距离估计(Bruder, Pusch, & Steinicke, 2012; Kellner et al., 2012; Kuhl, Cream-Regehr, & Thompson, 2006; Steinicke, Bruder, & Kuhl, 2011; Zhang et al., 2012)。还有研究显示,VR中的瞳孔间距(interpupillary distance,简称IPD)会影响空间压缩。威廉森等人(Willemsen et al., 2005)的研究发现,对于5—10米的深度距离,瞳孔间距对空间压缩效应没有影响,但在15米的深度距离发现了瞳孔间距的影响。

(3)环境因素。

研究显示,增加环境的复杂性可以削弱空间压缩效应。比如苏迪克等人(Surdick et al., 1997)的研究发现,视角线索(包括线性透视、缩短法和纹理梯度)比其他视觉线索对VR中的深度压缩有更显著的帮助。地面的纹理形式也对距离感知有很大影响,比如竖直线构成的纹理要比水平线构成的纹理帮助更大（Thomas et al., 2002），砖形纹理比地毯式纹理和草地纹理更有帮助（Sinai et al., 1999）。在虚拟的室外场景中的距离判断要比在虚拟的室内场景中的距离判断更准确（Bodenheimer et al., 2007）。这一"室外—室内"距离判断差异在真实世界中同样存在（Lappin, Shelton, & Rieser, 2006; Witt et al., 2007）。

（4）个体因素。

个体因素包括 VR 环境经验、感受立体视的能力、年龄、人格特质等。很多研究探讨了 VR 环境经验对距离压缩的影响，集中使用各种反馈（视觉、听觉或触觉反馈）来训练被试在 VR 中的距离判断。结果一致发现，感觉反馈与练习可以提高距离判断的准确度。感受立体视的能力可以使用专门的测试来衡量。安布鲁斯特等人（Armbrüste et al., 2008）的研究发现，在立体视测试中得分高的被试，其在 VR 中表现出的空间压缩效应也越强。普卢姆特等人（Plumert, Kearney, & Cremer, 2004）的研究发现，在使用想象步行的方法进行的距离估计中，10 岁的孩子估计的距离，比 12 岁的孩子以及成年人估计的距离更短。而菲利普斯等人（Phillips et al., 2012）的研究发现，"接受性"这一人格特质（比如更能接受对自我的改变）与空间压缩效应的强度也有关联。

如何削弱 VR 空间压缩效应

目前，技术还无法完全消除 VR 空间压缩现象，但通过了解影响 VR 空间压缩效应的因素，可以改善用户在 VR 中对距离的低估。比如，我们可以使用真实的 VR 场景，即让用户所处的 VR 环境实际上是其所处的物理空间环境的复制。当用户对该空间十分熟悉时,可以做到VR环境中的距离估计与现实中的距离估计保持一致,还可以通过增加环境的复杂性来削弱空间压缩效应。硬件方面,提供更大的用户视场和使用软件方法补偿VR图像的光学扭曲等都有帮助;用户方面,可以通过在VR中进行训练来削弱VR空间压缩效应。不过,训练引发的一个问题是后效应。研究显示,当被试适应了VR中的距离感知后,回到真实环境中,反而会高估真实世界中的距离。除了上述方案,近年的研究又发现了两种全新的方法:

第一种方法是为被试提供虚拟化身。第一章中曾提到,使用虚拟化身会对VR用户的认知与行为产生影响,研究表明这种影响也同样发生在改善空间压缩现象上(Mohler et al.,2010)。实验中,被试采用盲走法来估计距离自己4米、5米或6米远的目标(见图2.10)。采用被试间设计,将被试分为6组:有或无虚拟化身 × 有或无动作捕捉 × 虚拟化身的位置与本体是否一致(与本体一致或在本体前3米处)。结果表明,只要被试在VR中拥有虚拟化身,即便它与本体自身的位置不一致(即所谓的离身体验),被试对距离的估计也比没有虚拟化身时准确。

第二种方法是施泰尼克等人(Steinicke et al.,2009)提出的使用VR过渡环境(transitional environments)。VR过渡环境是指,在用户进入任意VR环境前,先体验一个与当前所处的真实环境几乎完全一样的VR场景,在视觉基本匹配的情况下适应VR环境的特殊影响(诸如延迟、视野缩小、身体追踪的误差等),以使用户进入目标VR环境时有更强的临境感。

在施泰尼克等人的实验中,12名被试被随机分成两组。V-T组被试先进入一个虚拟城市中进行盲走测试,然后到VR过渡环境中进行盲走测试(VR过渡环境是所在实验室的高仿复制);而T-V组被试

第二章

VR如何影响
心理认知

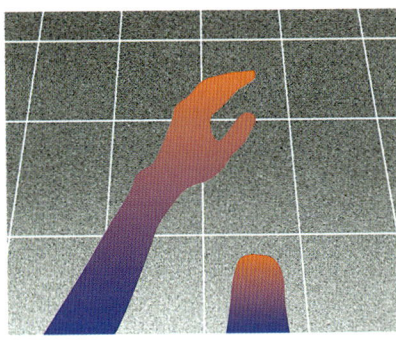

有人形虚拟化身和动作捕捉，且虚拟化身和用户本体位置一致

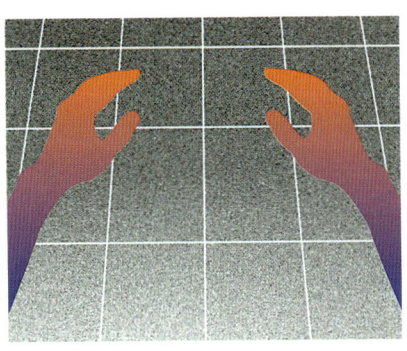

有人形虚拟化身，无动作捕捉，虚拟化身和用户本体位置一致

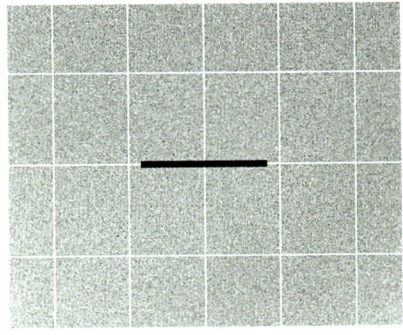

无人形虚拟化身，无动作捕捉，代表用户的黑线与用户本体位置一致

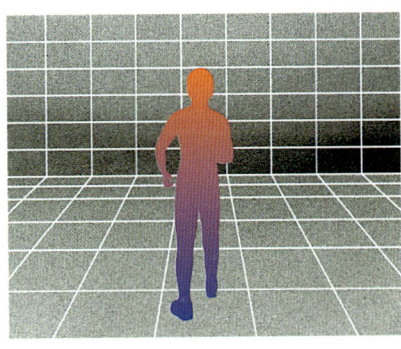

有人形虚拟化身和动作捕捉，但虚拟化身和用户本体位置不一致

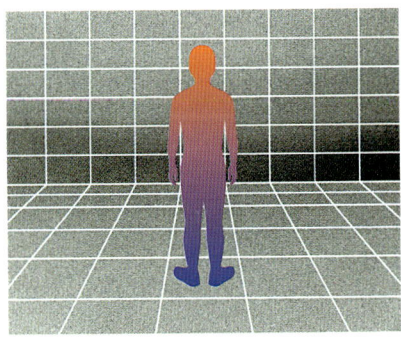

有人形虚拟化身，无动作捕捉，虚拟化身和用户本体位置不一致

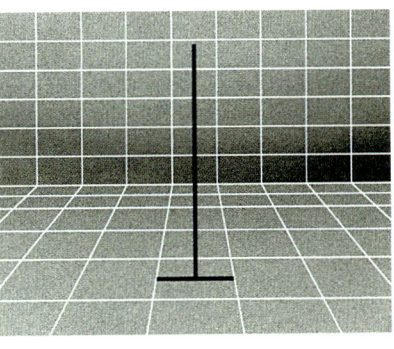

无人形虚拟化身，无动作捕捉，且代表用户的黑线与用户本体位置不一致

图2.10 使用虚拟化身削弱VR空间压缩效应
资料来源：Mohler et al., 2010

___

身临其境

___

那些
被VR影响的
心灵、
身体与社会

真实实验室场景

VR实验室场景,即过渡场景

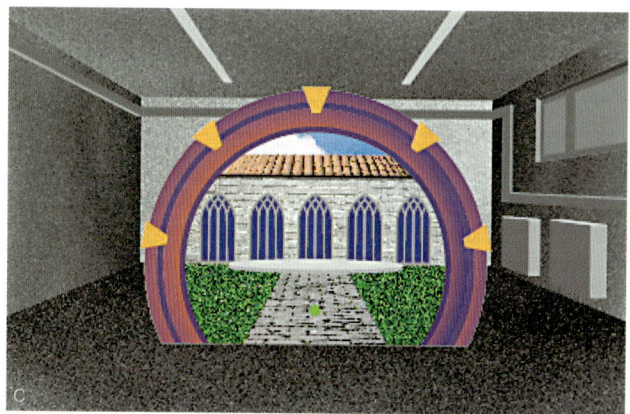

从过渡场景进入虚拟城市

图2.11 使用VR过渡环境削弱空间压缩效应
资料来源:Steinicker et al., 2009

的测试顺序与之相反（见图2.11）。两组被试都要在真实环境中进行盲走测试（基线）。结果发现，过渡环境（虚拟实验室）中的空间压缩效应显著小于目标VR环境中的空间压缩效应。更重要的是，T–V组被试的空间压缩效应小于V–T组被试（无论是对比过渡环境还是对比目标VR环境）。这说明，让用户先进入高仿真的VR过渡环境，再进入目标VR环境，有助于削弱空间压缩效应。

小　结

在这一节中，我们介绍了VR空间压缩效应，即与真实世界中感知到的距离相比，VR中感知到的距离是被低估的。VR空间压缩效应的影响因素众多，包括测量因素、技术因素、环境因素与个体因素。虽然控制上述因素可以降低空间压缩的程度，但仍无法完全消除空间压缩现象。

身临其境

那些
被VR影响的
心灵、
身体与社会

VR影响记忆

这一节主要讨论的问题是：VR能否使人更聪明？在本书的第四章中将提到，现在越来越多的声音呼吁使用游戏式教学来提升教育的质量，其中VR游戏教学尤其受人关注。如果可以一边玩游戏一边提高智力，何乐而不为呢？

一个被心理学家普遍认可的观点是，人的智力与记忆能力（尤其是工作记忆）高度相关。换言之，头脑聪明的人往往是那些记忆能力强的人。因此，有不少提高智力的方法（比如n-back任务，即展示一连串的刺激物，要求测试者在当前的刺激物与第n次之前的刺激物相符时作出反应），其本质就是锻炼人的工作记忆。

玩3D游戏可以提高记忆力

那么，使用VR有没有可能提高人的记忆力呢？

人脑中一个被称为海马体的脑区与记忆能力息息相关。关于海马体的研究最早是以小白鼠为对象的。研究发现，小白鼠所处的生活环境中的刺激越丰富，其海马体中的神经元数量越多，与海马体相关的记忆能力（比如空间记忆能力）就越好（Kempermann, Kuhn, & Gage, 1997; Praag et al., 1999; Olson et al., 2006; Fabel et al., 2009; Birch, Mcgarry, & Kelly, 2013; Freund et al.,

2013; Zhao et al., 2014; Clemenson & Stark, 2015)。人的海马体与小白鼠的海马体有许多相似之处，比如同样具有负责空间定位的位置细胞。研究显示，经过大量空间能力训练，人的海马体会发生结构性的变化。这些联系让科学家想到，让人在具有丰富刺激的3D游戏环境中探索，能否促进海马体的发展，从而提高人的记忆能力？

克莱门森等人（Clemenson & Stark, 2015）的研究对这个问题给予了肯定的答复。他们用记忆测验任务（mnemonic similarity task，简称MST）作为衡量记忆能力的主要手段（见图2.12）。该任务分为学习和测试两阶段。在学习阶段，被试需要记忆快速呈现的图片中的物体。在测试阶段，测试图片被依次呈现，被试需要判断测试图片属于以下哪一类：（1）目标图片，即之前在学习阶段看过的图片；（2）诱饵图片，即之前在学习阶段没有看过，但与学习阶段出现过的某张图片十分相似的图片；（3）全新图片，即在学习阶段没有看过，

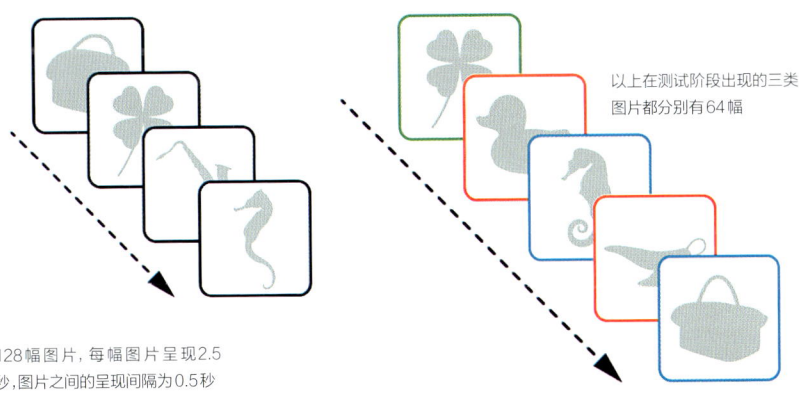

学习阶段任务：
判断以下呈现的图片内容属于室内物体还是室外物体

测试阶段任务：
判断以下呈现的图片属于目标图片，还是诱饵图片，或是全新图片

以上在测试阶段出现的三类图片都分别有64幅

128幅图片，每幅图片呈现2.5秒，图片之间的呈现间隔为0.5秒

图2.12 记忆测试
资料来源：Clemenson & Stark, 2015

并与学习阶段出现过的任何图片都不相似的图片。

诱饵分辨指数（lure discrimination index，简称LDI）是衡量这项记忆测试完成绩效的重要指标。LDI等于正确选中诱饵的比率减去诱饵的误报率（即误将非诱饵报告成诱饵的比率）。LDI反映了被试对图片材料的记忆程度和区别干扰项的能力。LDI越高，说明被试的记忆能力越强。有研究表明，LDI指数与海马体的活动强度具有正相关，可用LDI推测海马体的发育状态。

克莱门森等人的实验结果发现，电子游戏经验丰富的被试，其LDI指数显著高于几乎没有电子游戏经验的被试。更有趣的是，LDI指数与被试平时最常接触的游戏的空间复杂性（由被试考量游戏视角等空间因素后的主观报告获得）存在显著正相关。这一结果肯定了"在复杂空间中探索可以提高记忆能力"的猜想。

3D游戏中的环境通常比2D游戏中的环境更加生动丰富。那么，玩3D游戏是否比玩2D游戏更能提高玩家的记忆力？为了验证这一猜想，研究者利用训练比较了新手玩家在玩3D游戏、2D游戏和不玩游戏这三种情况下记忆力提高的程度。训练期持续2周，每次30分钟。3D游戏选取"超级玛丽奥3D世界"，2D游戏选取"愤怒的小鸟"。结果发现，3D组玩家LDI指数的提高程度显著高于另外两组，这说明玩3D游戏的确能更好地提高玩家的记忆力。

VR训练改善老年人记忆力

衰老通常伴随着记忆力的下降。记忆力下降被许多学者认为是阿尔茨海默病的前兆。尽管对老年认知障碍如何形成仍存在许多疑问，但是科学家们相信，年龄增长与记忆衰退并不存在必然联系。根据发展心理学的观点,"用进废退"是老年人记忆力衰退与否的关键。对于许多老年人,由于身体活动能力下降,他们的社会交往机会变少,平日里只能待在家中过单调重复的生活,大脑往往得不到锻炼。如果沉闷无聊的生活环境与生活内容是导致老年人记忆衰退的元凶,那么VR能否成为老年人改善记忆力的希望?毕竟,提供刺激丰富、互动充足的环境与内容是VR的拿手好戏。雷佩托等人(Repetto et al., 2016)详细地分析了这种设想,他认为用VR提高老年人记忆力至少有三个好处:

首先,在沉浸式VR中,老年人能以主观(egocentric)视角体验环境与事件。所谓主观视角,在VR中等同于第一人称视角。与之相对,第三人称视角基本等同于离身视角。相关的功能性核磁共振成像(functional magnetic resonance imaging,简称fMRI)研究表明,比起在离身视角下观察人的动作,在主观视角下观察人的动作能更好地调节大脑皮层的兴奋度(Maeda, Kleiner-Fisman, & Pascual-Leone, 2002)。为了直接研究VR中主观视角与离身视角对于"用户对事件的记忆"的影响,贝古尼安等人(Bergouignan, Nyberg, & Ehrsson, 2014)进行了相关研究。在实验中,研究者让戴着头戴式显示器的被试分别用第一人称视角与第三人称视角与一位教授聊天。为了增强离身体验,研究者还使用了前面章节提到过的"视觉—触觉"同步技术(一边用棒戳摄像机,一边轻戳被试的身体)。一周后,研究者重访了这些被试,并让他们自由回忆之前与教授聊天的内容。结果发现,以主观视角聊天的内容回忆程度更好。这说明,相较看电视(一种离身观察体验),在VR中以主观视角体验的内容能被更好地记住。

其次,主动探索环境更有助于改善情境记忆。在VR中,老年人

第二章

VR如何影响
心理认知

身临其境

可以通过各种控制设备在环境中移动,这解决了老年人因身体不便导致的探索能力变差的问题。杰巴拉等人(Jebara et al., 2014)研究了在VR中使用不同探索方式对记忆力的影响。被试(包括年轻人和老年人)在虚拟环境中,坐在一辆汽车上探索一个虚拟城市,并需要尽可能详细地记住发生的事件的内容、时间与地点。研究者对比了几种不同探索方式,包括:

(1)完全被动组,车子的移动线路由计算机程序事先设定,被试只能被动地观看。

(2)路线选择组,被试可以选择要走的路线,但无法直接控制车子。

(3)低主动组,被试可以控制车子的前进与否,但不能控制行进方向。

(4)高主动组,被试既能控制车子的前进与否,又能控制行进方向。

实验结果发现,路线选择组和低主动组被试的记忆表现要比完全被动组和高主动组更好。可见,当人能在环境中主动探索时,往往能更好地记忆发生的事件,但前提是环境探索不能过于复杂(高主动组的表现反而不好)。

类似地,在索泽恩等人(Sauzéon et al., 2016)的研究中,被试分别在可自主移动或只能被动移动这两种VR条件下,记忆一个虚拟公寓中每个房间里的物品。结果发现,自主移动组被试对物品的再认水平更高。这说明,当人在环境中主动探索时,可以获得更好的记忆效果。这也为VR教育和认知训练方面的应用提供了一个重要的设计原则。

最后,VR适用于老年人改善记忆力的其中一个原因我们在前文中提到过——VR可以提供异常丰富的刺激内容,从而增进老年人海马体的活力。VR可以改善老年人的生活环境与内容单调重复的问题,适度地刺激和锻炼老年人的大脑。

那么,VR训练真的比其他训练方法更适合老年人吗?早在2010年,奥帕塔莱等人(Optale et al., 2010)就设计了一套针对老年人的VR记忆训练方法,并通过实验检验了训练效果。研究将有记忆障碍的老年人作为被试,将其分成两组,一组进行VR记忆训练,另一组使用音乐疗法作为对照。

VR组的被试同时接受两个训练项目:听觉刺激训练和VR训练。听觉刺激训练要求被试蒙上眼睛用耳机听三个故事;VR训练的内容为路径探索任务——被试使用操作杆在虚拟世界中移动到指定位置。随着训练的进行,环境中刺激的复杂性会增加。故事和VR场景均选用被试较为熟悉的生活情景,并且采用相同的背景音乐。VR训练使用了前面提到的三个增进记忆的因素:第一人称视角、主动探索以及有丰富刺激的环境。训练共持续6个月,前3个月为初始训练阶段,每两周进行3次听觉刺激训练和3次VR训练,每次持续半小时;后3个月为训练加强阶段,每周进行1次听觉刺激训练和1次VR训练,每次持续半个小时。

音乐疗法组被试则接受面对面的互动式音乐疗法,该疗法的主旨是鼓励被试参与唱歌和演奏乐器等活动。音乐疗法被广泛应用于阿尔茨海默病患者的治疗中,很多研究表明它可以有效改善患者的行为,甚至能减轻抑郁症状。该对照组的设置既可以平衡VR训练组中背景音乐的作用(对照组选用了相同的音乐),也在一定程度上降低了由于被试"默认"治疗有效所导致的治疗效果偏差,即安慰剂效应。

第二章

VR如何影响
心理认知

检验记忆能力的任务包括数字广度测试（短时记忆）、画钟测验（视觉空间的处理能力）、10分钟后复述一个短故事（长时记忆）等。通过比较训练前、初始训练后以及加强训练后的记忆任务完成绩效，研究者发现VR训练比音乐疗法能更有效地改善被试的记忆，尤其是在长时记忆方面。可见，对于有一定记忆障碍的老年人，VR记忆训练的确是十分有效的方法。

综上所述，VR的诸多优点能让用户一边获得娱乐享受，一边提高记忆能力。天性爱玩的孩子们一定会对这样的结论感到兴奋，但是家长和教育者也要关注VR用于儿童记忆训练可能存在的隐患，那就是VR容易使儿童产生错误记忆。

用VR植入错误记忆

20世纪80年代，美国由于儿童性虐待案件频频发生，刑事办案程序被不断修改，以更有效地处理案件，当时美国（也包括其他西方国家）甚至允许涉案的儿童提供未经证实的证词。尽管大部分案件中儿童的证词是准确的，但一些案件中的儿童证词未得到医学证据的证实，由此引发了对儿童性虐待证词可信性的争议。一方面，公诉人辩称儿童不会对性虐待事件撒谎，应该相信他们；另一方面，辩护人辩称，儿童往往受到法律机构处理案件的人员和心理治疗师的暗示性提问的影响，其证词可能不符合事实。

在这样的背景下，关于错误记忆以及儿童本身记忆能力的研究大量开展。时至今日，研究记忆的心理学家达成了一个对记忆的普遍共识：记忆是构建出来的。人类的记忆其实是一种想象与推理的产物，是以脑海中存储的记忆片段为基础，加上过往的知识与经验、当下的状态与情感重新整合而成的。

虽然记忆是构建出来的,但在大多时候,我们的记忆仍然是可靠的。但对儿童而言,由于监控记忆发生源的能力尚未发展成熟,儿童(尤其是学龄前儿童)比成年人更容易受到各种暗示的影响,从而记错事件的细节、混淆事件的来源,有时甚至分不清什么事情是真正发生过的。

塞戈维亚和贝伦森(Segovia & Bailenson, 2009)的研究测试了用VR让儿童产生错误记忆的效果。被试是27名4—5岁的学龄前儿童和28名6—7岁的小学生。被试首先听一段现实中并未发生过的虚假事件,内容如下:

"_____(孩子的名字),之前你爸爸(或妈妈)告诉我,在你_____(实际年龄减2)岁的时候,你曾经和两只名为福迪(Fudgy)和布迪(Buddy)的鲸鱼一起游泳。福迪和布迪黑白相间,非常可爱。他们喜欢和你在蓝色的海水里游泳,你也喜欢和它们游泳。海是蓝色的,只有一点小小的波浪,在海底能看到一些绿色植物。在和它们游完泳后,你擦干身子,随后回到了家。这是你爸爸(或妈妈)记得的一件事情,那么你还记不记得曾经与福迪和布迪一起游过泳呢?"

被试儿童随后被随机分配到四个实验组中,分别完成四种不同的任务:

(1)空白组,什么也不做,仅仅等待1分钟。

(2)想象组,想象自己的确参与了刚刚听到的事件。

(3)VR—他人组,戴上头戴式显示器观看一段VR,内容是另一个孩子参与刚刚听到的事件。这里"另一个孩子"指一个有着其他孩子的脸的虚拟化身。

(4)VR—自己组,戴上头戴式显示器观看一段VR,内容是被试

VR如何影响心理认知

身临其境

那些被VR影响的心灵、身体与社会

自己参与刚刚听到的事件。这里的"自己"指一个和被试儿童有相同的脸的虚拟化身。

每个被试儿童都会被提问三次,第一次是在刚听完虚假事件后,第二次是在完成上述实验任务后,最后一次是在大约5天后。主试询问被试儿童是否记得之前的事件(和鲸鱼一起游泳),如果记得的话,他需要尽可能提供记忆的细节。结果发现,对于4—5岁的学龄前儿童,四种任务条件均会诱导他们产生一定的错误记忆,而且产生错误记忆的程度没有差别;但对于6—7岁的小学生,想象组和VR—自己组的被试儿童产生错误记忆的程度显著大于空白组和VR—他人组(想象组和VR—自己组之间没有显著差异,空白组和VR—他人组之间没有显著差异)。

上述实验表明,让孩子在VR中看到自己经历某一不曾发生的事,和让孩子主动想象这件事,可以产生相同程度的错误记忆。这也就意味着,VR内容的提供者有可能在儿童的记忆中植入错误记忆。VR的临境感和互动性在一定程度上会模糊现实世界和虚拟世界之间的界限,当未来VR走进基础教育的课堂,人们不得不对此谨慎对待。

小　结

在这一节中,我们讨论了VR对用户记忆的影响。一方面,基于VR丰富的刺激环境、主观视角、主动探索环境这三大特性,研究者从理论上提出了VR训练提高记忆力的可能性,而且这种可能性已经被研究证实;另一方面,VR模糊了现实世界与虚拟世界的边界,可能会使儿童产生错误记忆。对于未来的VR教育,这将是需要谨慎对待的问题。

第三章

VR如何影响
健康
VR And Health

第三章

VR如何影响健康

身体是否有疾病,心理状态是否良好,这两项是综合判断一个人是否健康的基本指标。

在心理治疗中,VR技术的应用带来了新的可能性。许多心理疾病都根源于患者的认知无法适应其所处的环境。那么,用VR这样介于想象与真实之间的媒介,为患者量身定制容易适应的环境,是否能够帮助患者矫正认知呢?关于这个问题,学界已有大量研究,许多VR应用也应运而生。

VR镇痛和VR复健是两种使用VR改善生理健康且日趋成熟的手段。

VR镇痛主要是利用VR的临境感,使用户的注意力从现实的疼痛转移到VR世界中;VR复健则是为患者提供一个更有趣、更人性化的复健环境,这样做既能使复健活动更有趣,也提高了复健的可控性。

VR对健康的影响并不都是正面的,它的一大负面影响就是可能导致VR晕动症。所谓VR晕动症,是指用户在使用VR一段时间后会感到恶心、眩晕。VR晕动症为什么会发生?怎样减少或避免VR晕动症?本章最后对此作出回答。

身临其境

那些
被VR影响的
心灵、
身体与社会

VR对心理健康的帮助

快节奏的现代社会导致人们的生活压力越来越大,心理健康问题因而备受瞩目。VR能让用户亲临现实中难得一见的场景,获得新奇体验,比如第二章中提到的"灵魂出窍"、身体交换体验等。那么,能否将VR的这些特色应用于心理治疗呢?

慢慢适应:VR暴露疗法

生活中,总有一些事物会引发一些人的恐惧,比如遇见蟑螂,或者一个人摸黑走夜路。适度的恐惧是人的本能,让我们能够避开潜在的危险。但如果恐惧感产生得毫无理由、太过强烈,甚至影响正常的生活,就可能达到心理疾病的诊断标准,这时就需要心理治疗的介入。

在心理疾病中,有一类以没有根据、过度且持久的恐惧情绪为核心特征的病症,它被称为特殊恐惧症(specific phobia)。不同的患者有不同的恐惧对象,比如有人害怕被封闭在密闭的空间内(幽闭恐惧),有人害怕太空旷的地方(广场恐惧),有人宁可放弃百万元的交易也不敢坐飞机(飞行恐惧),有人害怕和陌生人说话(社交恐惧)。一旦有可能发生让自己害怕的事情,患者就会选择逃避,导致恐惧情绪无法消退。

对于恐惧症的治疗,一种非常有效的方法是暴露疗法(exposure

therapy)。其原理是不让患者逃避,而是让他们直面自己畏惧的事物。在反复、多次的接触中,患者会逐渐明白自己之前畏惧的事物并不会真的对自己造成伤害,甚至还可能令他们放松,这样一来恐惧就会自然消失。

为了还原患者惧怕的情境,传统治疗会采用两种做法:一种是直接让患者置身于真实情景中(vivo exposure,现场暴露法);另一种是让患者在脑海中想象自己害怕的事物(imaginal exposure,想象暴露法)。然而,这两种方法都不尽如人意。第一种方法需要较多的时间、金钱与人力成本,可操作性不强。比如,如果要治疗演讲恐惧,就需要使用一个演讲厅,还得找一群人来扮演听众;治疗飞行恐惧,则需要治疗师陪同患者坐飞机。而患者由于根深蒂固的恐惧感,对参与这样的治疗存在强烈的抵触心理。研究表明,愿意接受这种方法的患者只有15%—20%(Foa et al., 2005)。而且,由于真实环境太过复杂,治疗师难以控制,就无法预测治疗过程中会有什么突发事件,疗效也难以保证。第二种方法对患者的想象力有很高的要求,也不太容易实现。因为想象过程发生在患者的脑海之中,治疗师只能通过交谈来了解这一过程,难免让治疗过程变得不可捉摸。

使用VR可以同时克服上述两种方法的缺点。VR能够取代想象,通过模拟真实场景并加入互动机制来达到以假乱真的效果。同时,患者清楚VR中的内容是虚构的,因此不会存在过多的抵触心理。患者戴上VR头盔就可以进入治疗场景,治疗师可以随时监控、调整。利用VR技术可用较小的成本实现各类场景和任务,能够让患者在更多情境中接受治疗(Craske et al., 2014)。

看到一只有长脚的毛蜘蛛,也许你会觉得很害怕,但如果在你面前的是一只戴帽子、穿拖鞋、会说话的蜘蛛宝宝呢?为了治疗蜘蛛恐惧,根据暴露疗法,研究者设计了一系列VR游戏来帮助患者(见图3.1)。在实验中,患者需要和萌萌的蜘蛛宝宝交朋友,为它挡雨,助它上梁结网。结果表明,这种利用VR游戏帮助患者克服恐惧感的治疗形式能够让患者更好地投入治疗并坚持下去。

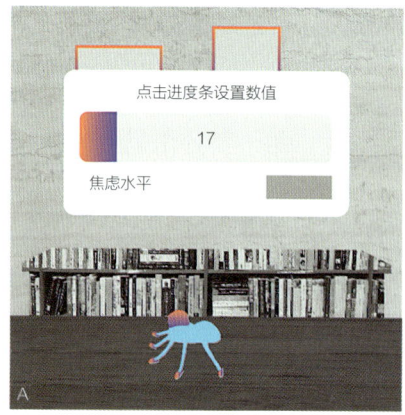 

用户可以设置初始焦虑水平,以决定任务难度　　治疗过程中,用户需一直盯着前进的虚拟蜘蛛

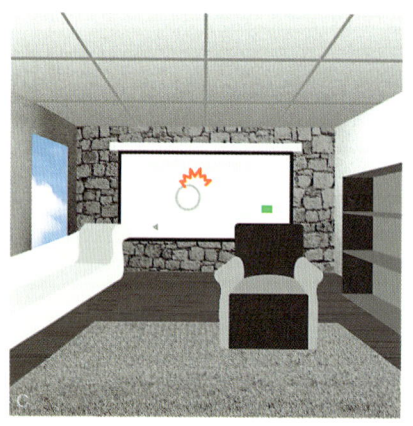 

虚拟治疗室,可用于对用户进行病情教育　　游戏化:用户为虚拟蜘蛛挡雨,助其爬墙

图3.1　利用VR游戏治疗蜘蛛恐惧
资料来源:Lindner et al.,2017

综合以往的大量研究结果,相较真实场景中的治疗,VR暴露疗法能够取得稍逊或基本相同的疗效。同时,VR暴露疗法更容易被患

者接受。一项研究显示，在多疗程真实暴露疗法与VR暴露疗法的被迫选择中，81%的患者选择VR暴露疗法；在单疗程真实暴露疗法与多疗程VR暴露疗法的被迫选择中，89%的患者选择VR暴露疗法（Palacios et al.，2001）。

目前VR还是以视觉模拟为主，而人对世界的感知是多种感觉交互并存的。一个不怕看见蟑螂的人，如果不小心摸到蟑螂，可能还是会被吓得起一身鸡皮疙瘩。因此，如果能够在VR中增加触觉等感官的反馈，进行全方位的模拟，应该能更好地帮助患者应对真实情境。曾有研究尝试通过在虚拟环境中诱发眩晕、心跳加速来模拟人类恐惧时会产生的生理反应（Botella et al.，2007），这也是一种有意思的研究思路。

VR暴露疗法除了用于恐惧症治疗，还能用于精神创伤康复训练。人们在经历性侵害、战争、天灾、车祸等创伤事件之后，可能会产生一系列症状，比如无法摆脱不愉快的想法、梦境，接触相关事物时会有精神、身体上的不适，应激状态频发，有较高的自杀风险，等等。这类症状就是人们常说的创伤后应激障碍（post-traumatic stress disorder，简称PTSD）。PTSD也可以使用暴露疗法加以治疗，然而真实还原灾难场景或者让人重新经历创伤事件是几乎无法做到的，通过想象的方法又不能保障效果，因此，VR便成为非常适宜的治疗媒介。美国多个心理学实验室在2000年前后就已经着手开发针对退伍老兵的VR治疗程序，目前已被成熟应用。

治疗成瘾：VR线索暴露疗法

物质使用成瘾（substance-use disorder）表现为重复、强迫性的物质依赖，患者需要持续使用某种物质才能正常生活。治疗物质使

身临其境

用成瘾的一种方法是线索暴露疗法（cue exposure therapy，简称CET）。以毒品依赖为例，患者之所以看到针管就想吸毒，是因为针管和吸毒带来的快感反复匹配，形成了牢固的联结。如果反复呈现针管，却不能吸毒，那么患者看到针管时产生的生理反应就会逐渐降低，二者的联结也会消退。线索暴露疗法正是利用这一原理，用图片等刺激材料反复诱发患者的渴求感，又不给患者依赖的物质，从而使患者在看到相关刺激时不再产生寻求依赖的物质的行为。

也就是说，线索暴露疗法的关键首先在于，要尽可能地引发被试的渴求感。然而，图片提供的信息有限，也很难让患者产生代入感。VR能够提供更丰富的信息，模拟真实环境，给人身临其境的感受。那么，VR能否更好地诱发渴求感呢？有研究比较了传统图片和VR诱发烟瘾的效果（Lee et al., 2003）。被试分成两组，一组观看图片，一组体验VR，图片和VR中的内容是相同的吸烟场景。研究者用量表测量烟瘾诱发程度，结果发现，图片组在刺激前后对香烟的渴求感没有显著变化，而VR组在接受刺激后渴求感显著升高。这说明，相较传统图片刺激，VR刺激诱发渴求感的效果更好。

在另一项研究中，研究者在VR中制作还原了一系列与吸毒有关的场景，包括嗑药、毒品交易、毒枭被捕等（Saladin et al., 2006）。研究选取有毒品依赖的被试，采用心律、皮肤电阻等生理指标结合主观报告进行测量，发现虚拟吸毒场景让被试的心率产生了显著变化，主观报告也证实了毒瘾的被诱发。

改变心态：VR认知行为疗法

认知行为疗法（cognitive behavior therapy，简称CBT）是一

种被广泛采用的心理治疗方法，其核心思想是通过纠正错误的信念来解决心理问题。治疗师透过行为、情绪等外在表现分析患者的核心信念与应对策略，并从中找出错误的认知加以纠正。在VR中，挑战被试错误认知的想法可以变得具体、可操作，从而能更好地实施认知行为疗法。

在以瘦为美的时代，许多人总为自己的身材不够苗条而感到焦虑。当这种焦虑变得异常严重时，心理疾病就随之产生了，比如我们常常听到的进食障碍（eating disorder）。进食障碍是一种异常的进食习惯，主要表现为短时间内大量进食并在之后强行催吐的贪食症，以及进食过少、体重过轻的厌食症。患者对自己的体型有不正确的认知，多吃几口就觉得自己胖了一圈，并随之产生厌食、催吐等过度反应。

这种对自己体型不正确的认知在临床上被称为体象障碍（body image disturbance，简称BID）。传统上测量体象障碍的方法是向患者呈现一系列拥有不同身材的人形图像，让患者从中选出符合自己身材的主观身材及其期望的理想身材。患者真实身材与其感知的主观身材之差能反映出体象障碍的严重程度，而主观身材与理想身材之差反映了对自己身材的不满意程度，治疗师会以此为依据对患者展开后续的治疗。然而，这些传统方法通常不能很好地呈现患者自身的身材作为对照，且治疗过程主要依靠交谈，不能充分发挥认知行为疗法的效果。

VR可以根据患者的实际身体数据生成体型完全匹配的虚拟化身，呈现效果比平面图形更具体、直观，还可以随心所欲地调整。治疗师和患者可以更好地交流彼此的想法。更关键的是，VR治疗以患者自身的体验式学习为主，在这种治疗中获得的经验比治疗师的说教更有影响力。

研究者开发了一系列矫正体象障碍的VR训练。患者在VR中进行游戏，过关条件是完成和体型认知相关的任务。比如，房间里有几扇宽度不同的门，患者必须正确选择和自己的身体宽度一致的门才能通过（Riva, 1998）。或者，患者要调整一个虚拟人的身体尺寸，使之符合自己的体型。随后，患者实际身材的投影会重叠到虚拟人上，这样患者就能直观地看到差别，并进一步修正自己的认知（Perpiñá et al., 1999）。这些任务可以培养患者对自己身体感觉的敏感性，改善患者正确觉察自己身形的能力。同时，新的认知经验会和以往的认知发生冲突，最终促成患者的认知转变。

有研究比较了VR认知行为疗法、传统认知行为疗法和饮食锻炼控制三种方法对进食障碍的治疗效果（Riva et al., 2003）。贪食症患者分为三组，分别接受上述三种治疗。治疗结束6个月后，VR认知行为疗法组中有77%的人停止了暴饮暴食，传统认知行为疗法组的这一比率为56%，而饮食锻炼组的比率只有22%。同时，VR认知行为疗法组在体象障碍测验中表现最好。这表明，对于进食障碍，使用VR认知行为疗法能取得更好的疗效。

除了体象障碍，另一种常见的源于错误信念的症状是妄想（paranoia）。其表现是毫无根据地将他人的意图解读为恶意，总认为有人想伤害自己。临床上纠正妄想症状的方法是在人际交往中获得新的经验，从而打破僵化的认知。然而有妄想症状的患者出于自我保护的心理，会逃避交往，难以进行新的学习。那么，提供相对安全的虚拟社交环境，能否减轻患者的排斥心理，促成其认知的转变呢？

在弗里曼等人（Freeman et al., 2016）的研究中，研究者设置了地铁和电梯两个虚拟场景，将有妄想症状的患者分为两组，一组只是单纯在虚拟环境中探索30分钟（等同于暴露疗法），另一组则要尝试放下防备，与虚拟人接触（认知行为疗法）。随着实验的持续，患者会逐渐适应任务，场景中虚拟人的数量也会逐渐增加（见图3.2）。结果发现，两组患者的妄想症状均有好转，而认知行为疗法组效果更好。在治疗训练结束后，当患者去现实世界的便利店买东西时，体验到的妄想和不适也有所减少，这表明虚拟环境中的治疗效果能够延续到现实中。

图3.2　VR治疗有妄想症状的患者
资料来源：Freeman et al., 2016

帮助自闭症儿童：VR行为训练

自闭症，有时候我们也叫它"孤独症"，这是一种神经发育障碍。患有自闭症的孩子社会交往能力很差，且注意力不能集中，大部分孩子的学习水平低于同龄的孩子。患者小时候可能会受到同龄人的排斥，长大后会生活能力不足，症状严重的患者几乎无法独自生存。目前自闭症的病因还没有确切的结论，并且难以根治，只能通过行为学干预方法帮助患者恢复一定的社会交往能力和生活能力。行为学干预方法虽然可以使患者的症状有一定的改善,但也存在治疗条件苛刻、治疗费用昂贵、专业治疗师稀缺等问题。

从自闭症康复训练的角度来说,自闭症患者个体差异较大,传统的康复训练方法采用的是行为学干预方法和自然干预方法。行为学干预方法通过重复和强化来形成或者改变某些行为,比如增加目光接触,学习社交规范(如感谢、道歉等)的表达。之所以需要特定的行为治疗,是因为自闭症儿童的注意力很难集中,社交能力很差,常人很容易通过模仿习得的东西,对自闭症儿童来说却非常困难。目前,行为学干预方法在改变自闭症儿童的特定行为方面的有效性已经得到广泛的验证。但它也存在缺点,即这些任务指令主要是由长期指导的医生或者老师发出的,加上行为训练只能做到模拟环境,它与真实情况依旧有所不同,这将会影响训练成果在实际生活中的泛化(Strickland,1997)。

自然干预方法旨在解决泛化的问题,它通过奖励孩子在真实的自然环境中的行为来实现泛化。如康复中心一般会有游戏室、运动室以及音乐室,老师带领孩子们一同玩耍,并引导他们在真实环境中锻炼社交能力。然而这种方法效率比较低,若想要对特定行为进行干预,这种方法往往不太合适。

VR行为训练综合了行为学干预方法和自然干预方法这两种方法的特点,起到了扬长避短的作用。使用VR行为训练帮助治疗自闭症儿童有以下几个优势:

(1)精确控制输入刺激。虚拟现实是用计算机模拟的真实世界,它可以允许复杂的精确控制,让用户感到身临其境,也就是获得沉浸式体验。对于自闭症儿童的康复训练,在计算机中设计虚拟场景比在现实生活中设置相似场景要容易得多。尤其是危险场景，比如学习过马路，或者克服恐惧感，这些场景在现实生活中不仅在设置上有难度，而且难以保证安全性。但是用计算机设置这样的场景就要可控得多，这对于康复训练尤为重要。自闭症儿童的注意力有限，越复杂的场景，干扰就越多，对于早期的训练就越不利。采用递进式的场景控制，可以有效地给不同程度的患者分配不同的治疗环境。

（2）个性化治疗。在场景中加入孩子喜欢的物体，使孩子更加喜欢这个场景，这种最大化接触是影响学习成功率的重要因素之一。对康复中心来说，他们不可能为每个孩子建一个教室，所以在单独训练时总是要重新改变布局，把孩子喜欢的东西拿出来。如果是沉浸式的虚拟现实场景，老师甚至可以一键把房间的装修变成孩子喜欢的格局，大大减轻老师的负担。同时，可以在程序中加入教学策略的系统结构，比如"需要先达成某个任务，才能进行下一个"这样的教学逻辑，将渐进式策略交给系统监控，可以减轻老师的记忆负担，使老师能够更多地关注孩子的学习情况。

（3）结构化的交互和沉浸式体验。社会交往对有缺陷的孩子而言一般过于复杂，在与真人交流时难以估摸对方的反馈是这类孩子社会交往时的一大障碍。他们更需要结构化、清晰、一致的行为和反馈，而在程序构建的虚拟环境中，更容易做到这一点。VR可以带来沉浸式体验，无论是模拟视觉、听觉还是触觉，都很逼真。在自闭症儿童的训练中，视觉和听觉的刺激尤为重要，这些都能由程序和设备很好地控制。在很多训练实例中，孩子往往更容易接纳虚拟世界中的人物，比如孩子可能不会注视跳舞的演员，却会盯着游戏里胖胖的转圈的小熊猫看，这是由虚拟物体的结构化、可预测性等多种因素共同决定的（Esubalew et al., 2012）。

(4)设备具有多维的跟踪记录能力。VR设备可以记录头部运动、肢体运动的轨迹,加上辅助设备,可以在训练中记录眼动、脑电、皮肤电、脉搏等生命体征。这些数据不仅可以作为机器判断用户学习状况的依据(并进行实时提醒和矫正),经过有效分析,还可能抽取出重要的行为特征,推动医学方面的研究。

目前,研究者们已经针对自闭症患者的各方面需求,展开了一系列关于VR辅助训练的研究。比如,眼神交流在正常人的交往中再普遍不过,自闭症儿童却很难做到。一直以来训练师都是通过行为学方法,引导孩子把视线落在交谈的人身上——例如,在训练时不停重复"看着我,看着老师的眼睛"。VR为这种烦琐的训练方式提供了新的思路,王和阿纳格诺斯托(Wang & Anagnostou,2014)设计了一款结合眼动检测的增强现实VR头盔(见图3.3)。在这项研究中,孩子戴上这款VR头盔与老师互动。在互动过程中,如果孩子没有看老师,老师的脸上就会出现一个苹果,这样就不用老师每次都纠正孩子的行为了。这个设计很好地利用了新技术的便利,大大减轻了老师的训练负荷,提高了训练的效率。

图3.3 训练自闭症儿童进行眼神交流
资料来源:Wang & Anagnostou,2014

情绪识别是社交中不可或缺的能力，而自闭症儿童在这方面的表现尤为令人担忧。2012年，埃苏巴莱等人（Esubalew et al.，2012）的研究团队针对自闭症儿童的情绪识别做了一系列研究。他们设计了一套训练自闭症儿童表情识别的系统，在这个系统中，孩子的任务是识别角色的面部表情。每次训练开始时，先不显示画面，孩子会听到一个角色的声音。这个声音讲了一个故事，故事会激发对应的某种情绪，听完之后，孩子要从表情图画列表中找出他认为角色讲故事时对应的表情。这样的训练可以提高孩子的表情识别能力。

2013年，坎达拉夫等人（Kandalaft et al.，2013）在游戏"第二人生"（Second Life）中搭建了一个训练系统，自闭症患者进入这个系统后，会根据引导扮演某个社交情景中的角色，解决一些实际遇到的问题。在每个训练阶段，辅助的治疗师会在系统中给患者提出一些指导性的反馈，让患者在下一阶段能够改进。在进行了10阶段的训练后，患者在语言和非语言识别以及心理理论（理解他人的情绪和动机等心理活动的能力）的测试中，成绩显著提高。在之后的电话回访中，患者也都给出了积极的反馈，认为这类训练提高了他们在现实中维持谈话的能力。此外，还有研究表明，VR训练可以提高自闭症患者的求职面试技能（Smith et al.，2014）。

总体上来说，用VR治疗自闭症患者的相关研究相对而言还不多，研究的覆盖面尚不广，还有很多值得探索的空间。通过VR训练，我们不但可以帮助自闭症儿童提高社会交往能力，甚至可以通过VR研究自闭症的成因。贝克莱等人（Bekele et al.，2013）的研究对比了自闭症儿童和正常儿童在VR环境中对虚拟3D人物面部表情的识别，意外地发现，自闭症儿童和正常儿童的表现并没有显著差异，这或许表明传统上使用2D材料研究自闭症儿童的实验的结果并不准确。因此，未来VR的研究或许能让我们得到对自闭症的全新认识与理解，从而能够更好地对症下药，帮助这个星球上最孤独的一类儿童。

回到过去：VR精神分析疗法

在1997年，心理治疗师奥普塔莱等人（Optale et al., 2010）进行了一项采用VR技术治疗男性心因性性障碍的研究。研究者设计了一个森林场景，场景中有四条分岔路，每条路对应患者的童年、少年、青春期、成人等人生阶段。在每个阶段，患者都需要完成一系列任务，以培养在该阶段对异性的兴趣。在接受了25周的VR治疗后，80%的患者报告获得了更加愉悦的性爱体验。

无论是老鼠、猴子还是人类，在额皮质、尾状核、丘脑、下丘脑等区域都存在一条男性性功能通路，通路各部分的相互作用帮助男性实现性功能。在奥普塔莱等人的研究中，7名患者在VR治疗前后分别接受了脑部正电子发射断层扫描（positron emission tomography，简称PET）成像测试，结果发现，治疗前患者的尾状核和丘脑处左右两侧代谢存在显著差异，治疗后两侧的代谢差异消失，且相关脑区葡萄糖代谢活动均有所下降（Optale et al., 1999）。也就是说，接受VR治疗的患者，其性功能的恢复不只停留在主观体验层面，在生理层面也有实质性的改善。

这个研究的思路基于精神分析发展观，即现阶段的心理障碍是因之前各个发展阶段中欲望未能满足或过分满足导致的。VR"时光机"可以帮助患者"回到过去"，重新体验各个阶段的需要，最终帮助他们解决现阶段的问题。

精神分析疗法的核心在于建立现实与过去的连接。传统做法是借助自由联想、释梦等手段，但这些方法难以让患者获得良好的体验，而VR能为患者提供"回到过去"的逼真体验。试想，如果在电影《禁闭岛》(*Shutter Island*)里，医生们直接给莱昂纳多戴上头戴式显示器，让他在虚拟世界中自行探索，就不需要再陪他玩那场工程浩大的角色扮演游戏了。不论能否根治他的精神分裂，这起码是一种低成本的治疗方案。

防患于未然：用VR了解与预防心理疾病

对于维护心理健康，发病后的治疗其实是下策，真正的上策是防患于未然。为了达到这个目的，临床医疗工作者需要关心各类心理疾病的可能成因，并引导健康人群预防潜在的心理疾病。

传统心理治疗更倾向于事后补救，研究方法上以问卷调查、访谈法为主，基本上只能进行回溯性分析，无法直接对变量进行操纵，也难以探讨因果关系。如果以VR作为实验环境，就既能保证实验过程的安全性，又能较好地控制变量，同时还具有较高的生态效度。在被试与虚拟场景互动的同时，主试能方便地观察、记录其行为特征。若结合其他生理测量设备，还能研究实验中产生的各类生理变化。认知与行为存在交互作用，行为也会对认知产生一定的影响。用VR进行研究或许能够发现伴随心理疾病的特殊行为模式，从而更深入地理解心理疾病的本质，形成新的干预方案。

比如，用VR可以探讨哪些因素更容易诱发妄想症状（Freeman et al., 2008）。研究采用VR地铁场景，其中的虚拟人会根据程序设定执行相应动作，如彼此聊天或回应被试的注视等。被试的任务是搭乘VR地铁两站路。实验后，研究者使用妄想量表进行测量，发现约有1/3的被试表现出了不同程度的妄想症状，而那些平时经常产生妄想的人在VR中体验到了更高水平的妄想。

既然VR可以有效地诱发妄想体验，那么是否可以利用这一特性寻找妄想症状的成因？弗里曼等人（Freeman et al., 2014）在VR环境中比较了被试在不同因素水平下产生妄想体验的比率，从而了解该因素对妄想的影响程度。比如，身高有没有可能影响妄想？走在人群中，矮个儿是否更容易觉得自己受到威胁？为了验证这个猜想，研究者让60名有妄想症状的患者先后两次乘坐VR地铁。第一次，他们在虚拟环境中的视线高度和眼高一致；第二次则降低了25厘米，也就是变矮了大约一个头的高度。实验中并未告知被试这一变化。量表测量显示，视线高度能够预测妄想程度，而社会比较起到了中介变量的作用。身高影响了自我评判，进一步影响妄想程度，因此消极的社会比较也是妄想的成因之一。

在进食障碍方面，也有研究者利用VR的及时反馈特性，提出了新的行为学指标。不满意自己体型的人，对于具有不同体型的他人，其态度和注意力分配与普通人可能不同。研究者采用人际距离和注视时间为指标，发现和对照组相比，体象障碍较严重的女性对偏瘦的虚拟人的注视时间更长，与体型正常的虚拟人交谈时保持的站立距离更小。显然，这些指标比问卷调查法更为客观、直接。

VR不但能帮助研究者了解心理疾病的特征，还可以预防特定高危人群出现心理疾病，比如地震、海啸等自然灾害发生后可能会爆发的群体性应激障碍。士兵、消防员等危险系数较高的职业，在任务执行过程中随时可能遭遇紧急事态。如果能够在突发事件发生之前就做好充分的训练和准备，就能在一定程度上减轻灾难带来的心理创伤。塔纳纳斯和马诺斯（Tarnanas & Manos，2004）的研究采用VR演习的方法，在VR中全方位模拟地震来临的景象，希望增加儿童对地震灾害的心理适应能力。量表测量结果发现，演习的确能提升儿童的情感韧性和对灾难的应对力。

前文提到的物质使用成瘾问题也可以通过VR来预防。有研究发现，在高压社交环境下，人们更有可能滥用物质。在国外，青少年迫于同龄人的压力而开始吸毒的案例屡见不鲜。应酬也是戒酒失败的影响因素之一，很多人在饭局上经不住劝，不知不觉又饮几杯。如果能够在VR中模拟高压社交环境，让用户在安全的环境中接受训练，或许可以提高他们在真实场景中的应对能力，做到全身而退。

丘等人（Cho et al.，2008）的研究探讨了饮酒场景、社会压力两个因素对诱发欲求的影响（见图3.4）。按场景中是否出现酒和虚拟

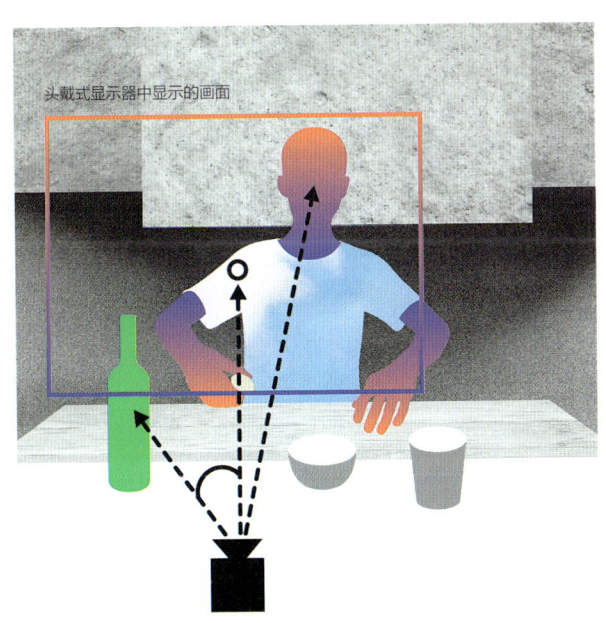

图3.4　利用VR研究物质使用成瘾的成因
资料来源：Cho et al.，2008

人分为四种条件，被试随机经历所有条件。研究者记录被试的头部朝向数据，并与虚拟人、酒的位置进行对比。当虚拟人和酒同时出现时，被试头部朝向与虚拟人的夹角更小，这表明被试会更多地关注虚拟人。同时，量表测量发现，场景中出现虚拟人的情况下，被试想要饮酒的欲望更强烈。据此，研究者推测，社交压力是促进人们饮酒的重要因素。VR中的虚拟人能够给人带来社交压力，因此能较好地模拟真实环境中的社交压力场景。基于以上推测，VR或许可以用来预防物质使用成瘾，帮助患者做好心理准备，以便能在生活中更好地抵制诱惑。

小　结

在这一节的内容中，我们谈论了许多使用VR来治疗临床心理疾病的方法，包括：

（1）VR暴露疗法，治疗恐惧症、创伤后应激障碍；

（2）VR线索暴露疗法，治疗物质使用成瘾；

（3）VR认知行为疗法，治疗体象障碍、妄想症状；

（4）VR精神分析疗法，治疗性障碍。

这些VR治疗方法的效果得到了研究证据的支持，而且越来越多地被运用在实际治疗中。此外，临床工作者也利用VR研究心理疾病的可能成因，并用来帮助健康人群预防潜在的心理疾病。

VR对生理健康的影响

第三章

VR如何影响

健康

VR对生理健康的影响的研究主要集中在镇痛和复健领域,并且对相应的传统医疗方法产生了一定的冲击。

使用VR镇痛

对于各类患者,疼痛都是不可避免的体验。虽然痛觉具有重要的生理保护意义,但剧烈的疼痛也成为许多患者不能承受的考验。多年来,心理学家和医生都在研究如何控制疼痛,减轻人们治疗过程中的疼痛感。

疼痛控制(或称为镇痛)主要有两种方法:一是使用阿片类药物,二是使用分散注意力的非药物治疗措施。由于药物治疗具有较强的副作用且效果有限,非药物治疗越来越受到研究者和医生的关注。在非药物治疗措施中,使用VR镇痛可能是最为天才和最具想象力的方法之一。其背后的道理很简单,就是让患者完全沉浸在VR世界中,从而忽略真实世界中的疼痛。

早在1996年,华盛顿大学的研究者们就开始将VR用于镇痛研究中。他们设计了一款名为"冰雪世界"(Snow World)的VR游戏。用户可以在游戏中体验在雪地中互动的场景,用户在VR中能穿过一个神奇的峡谷,峡谷中的企鹅和雪人都会向他抛来雪球。在霍夫曼等人（Hoffman, Patterson, & Carrougher, 2000）的研究中，研究者让烧伤患者分别在VR环境和现实环境中接受伤口清理，同时测量其主观报告的疼痛分数（见图3.5）。

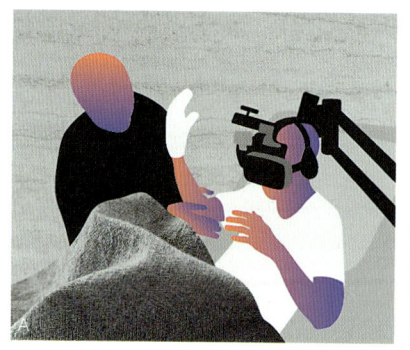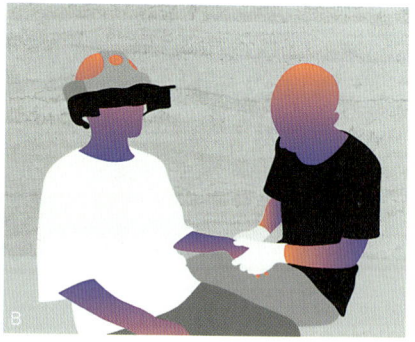

图3.5　VR镇痛
资料来源：Hunter Hoffman, UW, www.vrpain.com

结果发现，VR条件下患者对疼痛的主观报告值要显著低于现实条件下的主观报告值。马洛伊和米林（Malloy & Milling, 2010）的一篇综述回顾了11篇使用组间设计探讨VR镇痛效果的研究，结果发现，相较控制组，用VR镇痛的被试主观疼痛感减少了83%。

在VR镇痛的研究中，测量疼痛的手段分为两大类：一类是主观报告，如视觉模拟评分法（见图3.6）；另一类是被试能够忍耐疼痛的时长，这类研究往往使用冷加压法或热痛法触发疼痛，此法也适用于

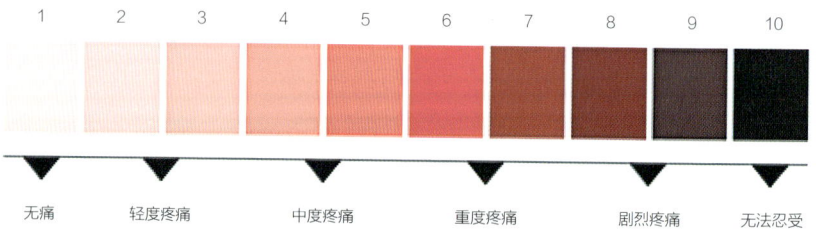

图3.6　视觉模拟评分法

健康被试。

1996年后,VR镇痛的个案研究如雨后春笋般涌现。对于多种疾病(包括烧伤、牙病、癌症等)引起的疼痛,VR镇痛都是有效的(Hoffman, Patterson, & Carrougher, 2000; Wint et al., 2002; Gerson & Dam, 2003; Gerson et al., 2004)。在2016年,《卫报》(*The Guardian*)甚至报道了世界上首例在分娩过程中使用VR镇痛的案例:纽约米德尔顿的奥兰治地区的马尔图奇(Eric Martucci)在医生的建议下成为首个使用VR镇痛分娩的孕妇。

医生指导产妇开始引导性的冥想VR体验,产妇戴上头戴式显示器后,伴随着舒缓的音乐和图像以及实时的分娩指导开始生产,最终在两个小时后顺利完成分娩。

也有研究对比了VR干预与催眠干预的镇痛效果,结果表明,催眠干预只有在具有高催眠暗示感受性(即容易被催眠)的被试中才有同VR干预相当的效果,而VR干预对所有被试都有效(Patterson et al., 2006)。

一般认为,长期服用某种药物会使个体产生耐受性,进而会使疗效逐渐降低,或需要加大剂量才能维持疗效。那么利用VR镇痛,是否也会使患者产生疲劳、失去兴趣等状况,进而影响镇痛效果呢?

费伯等人(Faber, Patterson, & Bremer, 2013)对此问题进行了研究,考察了针对烧伤患者的VR镇痛的持续使用效果。患者接受VR镇痛,治疗期为1—7天。36名患者中有17名患者至少接受了3天以上的VR镇痛。患者每一天主观报告的疼痛评分都会被记录下来,并与基线(即无VR干预的治疗条件下的疼痛值)对比。结果发现,在7天中,患者在使用VR镇痛的条件下,主观报告的疼痛值基本都低于基线。该研究的结果表明,VR镇痛的效果

第三章

VR如何影响

健康

具有一定的持续性（至少在7天内有效）。

VR镇痛为何有效

2007年戈尔德等人（Gold, Belmont, & Thomas, 2017）提出，VR之所以能有效镇痛，是因为注意、记忆、情绪等心理过程可以影响疼痛矩阵中的痛觉信号传递通路，从而改变体内的疼痛调节系统。疼痛矩阵是指大脑中会对伤害性刺激产生激活反应的几处脑区，主要包括初级及次级躯体感觉区、岛叶、前扣带回以及额叶、顶叶皮质。

这种观点得到了功能性核磁共振成像研究的支持。比如，班地克等人（Bantick et al., 2002）发现，分心任务可以使被试的主观疼痛感减少，同时功能性核磁共振成像的数据显示，疼痛矩阵的总体活动也减弱了；霍夫曼等人（Hoffman et al., 2004）比较了VR镇痛条件下和常规镇痛条件下疼痛矩阵的活动性，也发现VR镇痛条件下疼痛矩阵的活动强度显著减弱。

帕特森等人（Patterson et al., 2006）提出了一种假设：VR镇痛之所以造成疼痛矩阵的激活程度减弱，是因为用户在玩VR游戏的过程中大脑产生了内啡肽（功能近似于吗啡，可以通过神经中枢中的阿片类受体起到镇痛作用）。但很可惜，这一假设尚未得到验证，VR镇痛的深层机制还有待进一步探明。

临境感影响VR镇痛效果

为了评估和提高VR镇痛应用的效果，研究者开始关注哪些因素会影响VR镇痛的效果，其中最受关注的因素便是临境感。如同第一章里提到的,临境感是指VR用户觉得自己身处VR世界的真切程度。

古铁雷斯-马丁内斯等人(Gutierrez-Martinez et al., 2010)的研究对VR干预条件下被试主观感受到的疼痛感与临境感进行了相关性分析,结果发现两者存在显著的负相关。也就是说,临境感越强烈,被试的疼痛感就越低。

由于临境感本身受多种因素的影响,研究人员希望能查明具体哪类因素对VR镇痛效果产生影响。比如,霍夫曼等人(Hoffman et al., 2004)和达尔奎斯特等人(Dahlquist et al., 2009)均发现,使用头戴式显示器呈现VR内容要比使用传统桌面显示屏来呈现有更好的镇痛效果;达尔奎斯特等人(Dahlquist et al., 2007)发现,有交互的VR游戏比只能被动观看相同VR内容具有更好的镇痛效果;劳等人(Law et al., 2010)发现,需要用户投入更多认知资源(注意力、记忆力等)的VR游戏有更好的镇痛效果。

VR治疗幻肢痛

幻肢痛是指截肢患者主观感受到失去的肢体仍然存在,并能感受到源于被截肢体的剧烈疼痛的病症。研究表明,该病症与大脑皮层躯体感觉区的功能重组有关,但医学上尚未对该病的具体成因形成统一观点。

传统非药物治疗幻肢痛的手段是镜箱(mirror box)技术,最早由拉马钱德兰等人(Ramachandran, Rogers-Ramachandran, & Cobb, 1995)应用于截肢患者幻肢痛的治疗中。该方法是在患者的截肢部位安装一个镜箱,患者可以通过镜面观察对侧的健康肢体,健康肢体在镜中的虚像刚好与被截肢体在空间上重合。当患者运动健康肢体时，镜中健康肢体的运动会让患者产生强烈的肢体运动感觉，即觉得幻肢也在做相同的运动。人们发现，这种肢体运动感觉可以减轻幻肢痛。针对幻肢痛的VR镇痛利用的正是镜箱技术的原理，即实时捕捉患者健康肢体的运动数据并用以驱动虚拟化身的双侧肢体运动。

在默里等人（Murray et al., 2007）的研究中，3名患者在一定程度上都有移情，即在VR中感觉到自己被截肢手臂的肌肉和关节有活动的感觉。3名患者都至少在一个疗程内感觉到幻肢痛减轻。佐藤健二等人（Kenji Sato et al., 2010）使用桌面式VR治疗幻肢痛，在经过5—8个阶段的治疗后，发现5名被试中有4名的幻肢痛减少超过50%。正是这种将运动数据实时转换为视觉数据，建立起连贯一致的实体表征的方法，使被试产生移情，从而显著缓解幻肢痛。

在VR中进行康复训练

对于运动功能和认知功能受损的患者，复健训练是整个治疗过程中的一个重要部分。通过定期参与适当的训练，患者受损的功能可以逐渐恢复。然而，能够坚持参加传统复健训练的患者并不多，主要是因为传统复健训练的内容枯燥乏味，同时患者无法及时直观了解自己的恢复状况，从而导致对复健训练的积极性不高。然而，VR技术能克服传统复健训练的这两大缺陷。VR能让患者在游戏式复健体验中保持对复健训练的兴趣与信心，并持续得到自身恢复状况的反馈。目前，常用的VR复健系统多基于动作捕捉技术，需要追踪记录患者肢体的动作，并要求患者完成规定的复健任务。

帕拉斯基沃普洛斯等人（Paraskevopoulos et al., 2016）介绍

了一套相对比较完整、针对手臂运动机能康复的VR复健系统。在这个系统中,训练的内容由"虚拟老师"呈现,这个"虚拟老师"是一个由程序设定好运动轨迹的虚拟手臂。用户在训练时,可以实时比对自己的虚拟化身的动作与"虚拟老师"的动作,从而达到最佳训练效果。动作捕捉系统是这套VR复健系统的基础,它实时追踪用户的真实肢体运动,并用这些运动数据驱动虚拟化身的动作。这些由用户生成的运动数据经过数据可视化处理后,可以让用户和医生直观地了解肢体机能恢复的进度。医生也可以据此调整训练内容,并设定训练中的某些参数(比如动作速率、持续时间等)。

在帕拉斯基沃普洛斯等人的VR复健系统中,用户是在空旷的场景中进行训练。但一般认为,在更真实的场景中进行复健练习可能更为有效。与这种思路一致,扬等人(Yang et al., 2008)介绍了另外一套VR复健系统。这套系统与帕拉斯基沃普洛斯等人的系统的最大差别在于,它使用了高仿真的户外模拟场景,并结合跑步机进行训练。

这一设计可以训练用户在真实社区环境中的行走能力。为此,这套系统通过洞穴式立体显示系统使用户感觉进入一个真实的小区,而跑步机可以让用户在安全的环境中体验不同速度和不同坡度的步行条件。扬等人使用单盲条件下的随机对照实验研究这套系统的有效性,结果发现,使用这套系统的被试和只接受传统跑步机训练的被试相比,在后续真实环境中的步行测试中,步行得更迅速,更少依赖外部的帮助,并且对自身的步行能力更有自信。

最后,介绍一种被称为"VR镜像"的复健系统(Lozano et al., 2005)。这套系统使用的方法与之前介绍的针对幻肢痛的镜箱技术类似。患者首先使用健康肢体完成指定的动作任务,系统将健康肢体的运动数据记录下来,用于驱动患肢对应的虚拟肢体的动作。接着,患者使用患肢跟随反映健康肢体动作的虚拟手臂重复训练内容，即用健康肢体的运动作为患肢的"虚拟老师"。这种镜像技术有助于患者产生稳固的身体运动印象，从而提高患肢的活动范围、握力，以及患者使用患肢的信心。

小　结

在这一节中，我们介绍了VR镇痛与VR复健训练的相关研究。首先，VR可以通过丰富、直观的视觉信息引起用户强烈的兴趣；其次，计算机程序可以预设定制化的训练内容；最后，VR可以让用户在相对安全的环境下进行有挑战的训练。

VR晕动症

第三章

VR如何影响

健康

虽然VR有诸多优点,可以帮助改善人的身心健康,但它也有不利于健康之处,其中最明显的就是VR晕动症。晕动症从人类使用马车等工具开始就已出现,俗称的"晕车"就是一种常见的晕动症。VR晕动症与普通晕车的差别在于,晕车时身体产生了真实的运动,而经历VR晕动症时用户并没有产生真实的运动。因此,在虚拟环境中出现的晕动症状,通常被称为"视觉诱发晕动症"(visually induced motion sickness),被单独作为晕动症的一个特例来研究。

长时间沉浸在VR世界中,人会感到恶心、头晕,严重的甚至会呕吐、休克。VR晕动症实际上已经成为VR发展的最大阻碍之一。它不只是娱乐行业所忧虑的问题,在航空航天、军事训练等领域,VR晕动症会直接影响用户的任务绩效。因此,VR晕动症已成为研究者和开发者关注的重点问题。要真正解决VR晕动症,就必须先了解它的成因。那么,究竟是什么原因导致了VR晕动症?目前对此有两种解释理论:感觉冲突理论与姿势不稳定理论。

感觉冲突理论

奥曼(Oman,1990)认为,VR晕动症源于个体接收到的各感官信息间的不匹配,或者接收到的感官信息与大脑的预期不匹配。例如，头戴式显示器里看到的世界是正在坐过山车快速移动，而用户的双脚站立在地面上没有移动。由于人内耳的前庭器官可以独立检测头部的朝向及身体运动的加速度，即使视觉信号显示是在过山车上高速移动，前庭器官却向大脑报告身体并没有移动。这种视觉信息与前庭信息的不匹配，导致大脑一时不知道"该听谁的"，产生感觉冲突，于是出现了眩晕感。

这个理论流传广泛，听起来很有道理，但事实上存在一些问题：并不是所有产生感觉冲突的情境都会导致VR晕动症。例如，玩同一款VR过山车游戏，有些用户出现了头晕、恶心的症状，也有些人并无大碍；另外，同一个人玩VR过山车游戏，一开始玩会头晕、恶心，但玩的次数多了，这种症状似乎会好转。对此，凯沙瓦齐等人为感觉冲突理论解围：只有具有新异性的冲突刺激才会诱发VR晕动症。新异性是指日常生活中不常接触或接触没多久。当人多次经历引起VR晕动症的情境，这种感觉冲突会逐渐被大脑接受，眩晕感也会逐渐减弱。

姿势不稳定理论

保持身体的稳定是人的基本需求。对于婴幼儿，使他们产生恐惧情绪的非条件刺激有两种：一是巨响；二是失衡，也就是不能稳定地站或坐。里乔和施托夫雷根（Riccio & Stoffregen, 1998）认为，晕动症是长时间尝试维持身体稳定的后果。

该理论是目前最受关注的VR晕动症理论，并已取得了实验证据的支持。

施托夫雷根和斯马特（Stoffregen & Smart, 1998）进行过一项晕动症研究，被试站立在一个小房间中，脚下的地板是静止的，但四周的墙壁及天花板可以在电机的控制下整体地做前后方向的反复移动。实验中实时地记录被试身体晃动的数据以及主观报告的眩晕程度。结果发现，在不断来回移动房间的过程中，被试发生明显的身体晃动总是先于晕动症状的出现。这意味着，身体的更多晃动可能是造成晕动症的原因，而不是晕动症导致的结果。

凯沙瓦齐等人（Keshavarz et al., 2017）的研究显示，被试的身体晃动程度越高，其晕动症状就越明显。该研究的目的是想了解在模拟驾驶的过程中，限制身体的大幅运动能否缓解晕动症状。被试分为两组，一组被安全带束缚在座椅上，另一组则不系安全带。这个游戏非常刺激，玩家在游戏里能体验到生死时速，当然也很容易产生眩晕感。实验记录被试玩游戏时的主观眩晕程度，同时测量身体重心的晃动情况。结果发现，系安全带组的被试报告的主观眩晕感要低于不系安全带组，且被试的身体晃动与主观报告具有中高水平的显著相关。这个结果也支持了姿势不稳定理论。

如何缓解 VR 晕动症

那么，如何才能缓解晕动症状呢？根据已有的实证研究，减少晕动症状的措施主要集中在三个方面：首先是习惯，即对虚拟环境的适应；其次是提供适宜的环境，如减少躯体不必要的晃动、提供令人愉快的音乐或气味等；最后是改善虚拟场景的属性，如适当缩小视场并将边缘模糊化、减少系统延迟等。

（1）VR 晕动症状可通过习惯化得到缓解。

在海盗电影中经常可以看到，新出海的水手因为晕船而被老水手嘲笑,这其实暗示有经验的船员就不会再晕船了。那么,VR晕动症状是否会随着接触VR的时间的增多而减轻呢?这个想法在10年前就已得到证实。豪沃思和霍德(Howarth & Hodder,2008)在一项研究中对"习惯化能否影响晕动症"进行了探讨。研究招募了70名被试,有男有女,有老有少。他们要完成的任务就是疯狂地玩一款叫作"悬浮飞车"(Killer Loop)的赛车游戏。

这款游戏很简单,戴上头戴式显示器后,被试驾驶着赛车按照路线飞驰。游戏画面十分刺激,玩家可以在里面飞檐走壁、颠来倒去。被试可以畅快地玩25分钟游戏,但部分被试因为眩晕玩不了那么久。70名被试按照玩游戏的频率不同分为7组。有的人隔1天玩一次,有的人隔2天玩一次,直到隔7天玩一次。每个被试总共玩10次游戏。实验记录两个指标,即每次游戏中被试开始感到眩晕的时间以及每次游戏后被试报告的眩晕程度。结果发现,随着玩游戏次数的增加,被试感到眩晕的程度果然降低了。被试开始感到眩晕的时间也随着玩游戏次数的增加而逐渐推迟。最初,被试平均在4分钟时就开始感到眩晕;而在第十次游戏时,被试平均在13分钟时才开始感到眩晕,部分被试甚至报告不再感到眩晕。

这个研究显示习惯化能够减轻VR晕动症状,这给开发者们带来了一线曙光。但是,对于习惯化在VR晕动症治疗中的作用仍然需要进一步的研究。例如,对一个游戏适应之后,这种适应能否泛化到其他游戏中?这种习惯化的效果能持续多久?更重要的是,这种习惯化对大脑的功能而言究竟是好事还是坏事?

(2)适宜的环境可以减轻VR晕动症状。

如果一个容易晕车的人坐的大巴车既颠簸又摇晃,甚至还因为人多不通风,空气中都散发着一股汗臭,光想象就能让人感到恶心、难受了。所以在坐长途车时，往往需要系好安全带，保持空气流通，最好还能放点音乐。总之，越舒服，晕车的可能性就越小。这也是研究VR晕动症解决方案的一种思路。

前文提到的系安全带实验同样能够说明这个问题。系上安全带后，被试报告的主观眩晕感明显减少。这个研究验证了系安全带似乎能减轻晕动症状，但由于该研究没有使用头戴式显示器，而是采用类似看3D电影的方式，因此其结论能否推广到头盔式VR环境中尚不明确。

除此之外，还有研究考察了令人愉悦的气味（Keshavarz et al., 2015）和音乐（Keshavarz & Hecht, 2014）能否缓解VR晕动症状。凯沙瓦齐等人前后做了两个类似的实验。招募被试后，要求他们以第一人称视角模拟骑自行车15分钟。

在气味实验中，被试被分为三组，第一组在实验过程中闻怡人的玫瑰香味，第二组闻令人反感的皮革味，第三组则不闻任何气味。在该实验中，只有一半的被试意识到了有气味的存在。那些意识到玫瑰花香的被试，晕动症状的严重程度要显著低于那些没有意识到气味或闻到皮革味的被试。

在音乐实验中，被试被分为四组，前三组分别听放松的、中性的、紧张的音乐，最后一组不听任何音乐。结果显示，放松的音乐更能缓解被试的晕动症状。进一步的统计分析发现，研究者们定义的"放松""自然""紧张"并非决定因素。重要的是，被试是否喜欢该音乐。认为背景音乐是自己喜爱的音乐的被试，VR晕动症状会减轻更多。

（3）缩小视野的"舒适模式"。

人在观察近处物体时，双眼会同时向鼻侧旋转，而在观察远处物体时，双眼会同时向颞侧旋转，这一生理行为被称为视觉辐合（convegence）。与此同时，眼睛的晶状体还会调节厚薄，从而起到聚焦的作用，这被称为焦点调节（accommodation）。在现实观测条件下，两者是和谐且同步进行的。

而在使用头戴式显示器的VR环境中，无论VR中物像远近与否，实际的光线都源自头戴式显示器内的液晶屏。这就使得视觉辐合的目标是VR世界中的某一物体，焦点调节却发生在液晶屏上的某点，由此产生了矛盾。这种真实环境中几乎遇不到的矛盾被认为会引起眩晕感（Keshavarz et al., 2017）。

据此，哥伦比亚大学计算机图形和用户界面实验室的费尔南德斯和费纳（Fernandes & Feiner, 2016）找到了解决视觉辐合与焦点调节相互冲突的办法，可能缓解VR晕动症状。他们认为，通过调节用户的视场角，稍微缩小使用者在头戴式显示器里的可见视野，会减轻VR晕动症状。这是因为，在VR中人的视野越大，影像的纵深感就越强，与液晶屏发出的真实光线差距就越大。简言之，视觉辐合和焦点调节之间的冲突就越大，更容易引起VR晕动症。

但人们一般认为，在VR中视野越大，临境感就越强，体验就越好。将视场角缩小后，眩晕的情况即便真的得到改善，也牺牲了最让用户着迷的临境感。如何解决这种两难抉择？费尔南德斯和费纳采用了一种动态视场角的方法来解决这个问题。

具体来说，用户进入使用了这种技术的VR环境后，乍一看和普通的VR环境并没有区别，但是一旦画面结束静止状态开始运动，视场角的边缘部分就会模糊，从而减小视场角。费尔南德斯和费纳（Fernandes & Feiner, 2016）考察了相较普通的VR，这种技术是否能够减少眩晕感，以及是否会影响用户的VR体验。

他们邀请30名被试体验不同视场角设置下的VR电影。测试中,当影片里的图像开始运动时,被试在VR中的视野也相应缩小,而运动停止时,视野大小又恢复了(见图3.7)。影片中,空间剧烈变化的影像更容易引起被试的眩晕感。而这些变化又总会吸引被试的注意力,导致视野边缘的图像会被忽略,此时缩小视野,对使用者的体验影响并不大。

图3.7 舒适模式
注:A图表示运动停止时被试具有较大的视场角,B图表示运动状态下被试的视场角较小。
资料来源:Fernandes & Feiner,2016

虽然被试的数量仅有30名,但实验得到很好的结果。在使用这种技术的条件下,被试能够在VR中坚持更久的时间,报告的主观不适感也更少。同时,被试的VR体验也没有受到缩小视场角的影响,有一半的被试(15名)报告"我完全没有注意到视场角的变化"。

显然,这种办法给VR晕动症的解决带来了新的可能。费尔南德斯和费纳在研究报告中表示,这项实验还需要更多的重复测试,以找到更好的视场角缩小方式。实际上,已经有应用程序开始使用这种方法，比如在VR版谷歌地球中玩家可以手动设置"舒适模式"，通过这种限制视野的模式来减少眩晕感。

小　结

在这一节中，我们探讨了VR对个体健康的影响所衍生出的特殊主题——VR晕动症。VR晕动症是目前阻碍VR普及的重要原因之一。到目前为止，VR晕动症的成因尚不清楚，但已有的感觉冲突理论和姿势不稳定理论得到了热烈讨论与广泛传播。在研究VR晕动症成因的同时，研究者们也在不断尝试一些缓解VR晕动症状的有效措施。无论是开发者、从业者还是普通用户，都能利用这一节中提到的一些方法来尽可能地避免VR晕动症，从而更好地适应VR环境。

第四章

VR如何影响
社会
VR And Society

第四章

VR如何影响

社会

在讨论过VR对个体的影响之后，本章我们着重探讨VR对社会的影响。社会是由许许多多个体组成的，VR对社会的影响也建立在VR对个体的影响的基础之上。但是，社会的行为又有其独特的规律。那么，VR对社会的影响主要表现在哪些方面呢？我们在本章将重点关注两大方面：一是VR社交，二是VR教育。

人是群体动物，离开其他人，个体几乎无法生存。与他人的交往是人类生命中不可或缺的组成部分。人类的很多社交行为随着交往方式的发展而不断变化。凭借沉浸式体验与高临境感等特征，VR可能会对人类社交行为产生新的冲击。

人类社会的兴衰，甚至包括存亡，都与教育密不可分。VR技术的出现又将对教育的发展产生哪些推动作用呢？教育可细分为针对青少年的基础教育与针对特殊职业的技能培训，对于这两种教育，VR的优势分别在哪里？

VR社交

身临其境

那些
被VR影响的
心灵、
身体与社会

　　社交是人类最基本的需求之一。人们通过社交分享快乐，共担苦难；也通过社交交流信息，合作解决问题。在互联网时代，社交的时空限制已被打破。如今，社交活动已经简化到只需拿起一部智能手机打开微信，花费短至几秒的时间，便可将信息传输给他人。但是，社交的最终形态就此定格了吗？这样的社交形式是否已足够让人满意了呢？答案可能是否定的。

　　如今的各种社交软件给人们提供了前所未有的便利，但也引发了许多新问题。比如，一个引起大众激烈争论的问题是，网络社交是否使人更加孤独了。悲观的观点认为，网络社交看上去让人与人的交流无视时空的限制，实则将人类囚禁在了屏幕的牢笼里。过度依赖网络社交会让人变得不愿面对面交流，因此人际关系变得淡漠。使用社交软件交流与现实中面对面交流的确有所不同，两者之间的关键差异是什么？答案可能是人与人之间的距离感。

　　这种社交关系中人与人之间的距离感被称为社交临境感（Short, Williams, & Christie, 1976），它描述了个人在社交互动中对其他人存在的感觉程度，也就是说，觉得"有其他人存在"的感觉有多强。研究显示，在完成团队任务时（可能只是沟通任务），足够的社交临境感可以带来足够的人际存在感，从而大大提升沟通的效率。在面对面的交流中，社交临境感更强。人们共享空间，并能即时地感受到他人的表情与肢体动作。

更重要的是，交流者能真切地感受到对方就在身边。现有的社交软件虽然提供了视频聊天功能，却还是让人觉得对方"近在咫尺，却又远在天涯"。

VR高临境感的特点正好可以弥补现有网络社交软件的不足，让人在网络社交中找到现实世界中才有的社交临境感。不少互联网巨头（如腾讯、脸书）都已开始认识到，VR社交将是未来的社交方式之一（见图4.1）。在迈入VR社交时代之前，还需要了解VR社交的规律与特性，了解它对个体的感受和社交行为的影响。其中有两个问题值得关注：（1）在VR中，人们能否像在真实世界中一样，自然地进行社交？更进一步，VR社交能够带来什么不一样的改变？（2）VR社交存在什么负面影响？

图4.1　脸书推出的VR社交图片
资料来源：Facebook Spaces

社交中的虚拟化身

在VR中，用户以虚拟化身的形象出现。虽然前面的章节已经提到过，人对虚拟化身的形象有很强的适应性，但在VR社交中，用户还是希望让虚拟化身长得像自己。目前的技术是利用用户的头部照片来生成相应的头部模型。只是这样生成的模型有些粗糙，这不禁让人有些怀疑，用这样的模样来代替用户本人会不会造成问题？

拜伦森等人（Bailenson et al., 2004）的研究挑选了22位高加索男性，给每人拍摄了三个角度的头部照片（即正面、45°和侧面），再利用3D Me Now软件生成3D头部模型，并做了精细调整。之后，也从同样的三个角度对头部模型进行截图，生成照片。实验中，研究者先随机选出11张相同角度的真人照片让被试熟悉，直到被试基本记住（正确识别率为80%）。之后，再让被试观看3D头部模型的照片，与之一一对应。结果表明，若被试记住了原始照片，基本也可以认出对应的虚拟3D模型。虚拟3D模型和原始照片的再认成绩相差2%—17%。当研究者将人物的头发去掉后，这个差距更是大大减小。这说明虚拟人与真人的模样是非常接近的。

但是，虚拟人的模样与真人很像不一定是好事。日本机器人专家森昌弘在1970年提出过恐怖谷理论，其核心思想是：当假人（比如木偶、机器人或虚拟化身）的形象与真人相似但又能被看出不是真人时，会让人对其产生很深的厌恶感。这也正是为什么在恐怖电影里，导演经常使用诡异的假人来吓唬观众。因此，写实的虚拟化身存在陷入"恐怖谷"的风险。

为了避免"恐怖谷"风险，另一种仿人风格得到了关注——卡通仿人主义。有研究者对极简单的虚拟人的面部表情进行了研究，他们测试了大学生被试对虚拟人情绪的判断，并与对真人情绪的判断进行了比较。给被试看虚拟人或真人的面部图片及对图片的文字解释，其中可能出现的表情有生气、开心、中立、沮丧、惊讶。被试判断图中的表情所表达的情绪类型，并对图片中人物的可靠感、真诚感等进行评价。

结果表明，被试对虚拟人和真人表情的评价在大多数情况下没有差异。只有在中立表情与消极文字的共同刺激的条件下，被试才会把虚拟人的这种表情解读为沮丧。有研究表明，在面对面的交流中，65%以上的信息是通过非语言信息（比如表情、动作等）传递的（Argyle, 1988）。虽然卡通形象的面部仿真度不高，但卡通形象产生的表情仍能在多数情况下被很好地识别。因此，卡通仿人主义的虚拟化身可以应用于VR社交中。

虚拟化身的微笑

微笑是最受欢迎的表情，是具有跨文化一致性的积极符号。不论到哪里，看到他人的微笑都会让人感到亲切和放松。现实中的微笑拥有强大的社交力量，但社交软件上的微笑表情却似乎不能够给人很好的体验。经典的微笑表情如今已被用于表达"呵呵"（冷笑、假笑）的意思，这或许是因为现实中的微笑在动态过程中自然展现出放松和愉悦，用静态的二维图像去表达情感时难免缺乏真诚感。那么，VR中虚拟化身的微笑会让人感到亲切还是别扭呢？

有研究者使用一个基于深度相机的面部捕捉软件来捕捉被试的面部表情，对虚拟人的微笑进行了研究（Oh et al., 2016）。在研究中，被试被随机两两分到一起，并通过一个虚拟的聊天室进行语音交谈。在这个聊天室中，他们自己的形象都是虚拟人，通过面部表情捕捉系统，虚拟人的面部表情可以实时反映被试的真实表情。在聊天的过程中，被试还会玩一些游戏，并有机会在双方都同意的情况下，将这场虚拟的聊天转为面对面的交谈。

实验测试了三组条件。在第一组中，虚拟人的表情和对应的真实表情是完全一致的，也就是说，被试笑得多开心，他的虚拟化身也会笑得多开心；在第二组中，微笑的表情会被夸大，即虚拟化身表现出的微笑会比被试真实的微笑更夸张；在第三组中，无论被试笑不笑，虚拟化身都保持同样的微笑表情。

结果显示，在第二组中，也就是微笑被夸张化的一组中，被试感觉聊天更开心。准确地说，这组被试的社交临境感更强，在描述聊天时也使用了更多积极的词汇。但在聊天后进行的测量积极情绪的测试中，夸张组与其他两组并无明显区别。这个研究给虚拟社交平台设计者的启发是，可以利用动作捕捉技术获取用户的表情，并通过软件对表情进行适当的夸张，从而帮助那些不擅长非语言表达的人更好地表达情绪，获得更好的社交体验。

VR中的社交距离

人与人在社交时使用的非语言信息不仅包括手势、表情，还包括相互之间的社交距离。人们会下意识地和与自己有着不同关系的人保持不同的空间距离，并称之为社交距离。社交距离的远近与双方的熟悉程度、亲密程度以及相互地位等因素有关。比如说，跟密友相处时社交距离小，和陌生人相处时社交距离较大，人们通常也会和地位高的人保持更大的距离。

在VR社交中，社交距离是否依然存在？拜伦森等人（Bailenson et al., 2003）发现，在保持社交距离上，人们会把虚拟化身当作真人对待。实验要求被试通过VR设备进入一个虚拟房间与一位虚拟人共处。当这位虚拟人朝被试走来，并且离被试太近时，被试会后退并与他保持舒服的距离；当虚拟人直视被试时，被试会与他保持更远的距离。如果被试认为该虚拟人是由真人控制的替身,就会选择保持更大的距离。但同样在虚拟环境中,一个与真人大小相当的非人形物品就不会对被试有如此影响。

为什么在VR社交中,我们会像对待真人一样对待虚拟化身呢?研究表明,保持社交距离可能是一个下意识的过程。拜伦森等人(Bailenson et al., 2004)做了一个和舒适距离相关的实验。被试分为两组,一同先跟着计算机程序学习一批材料,之后戴上头戴式显示器,进入VR场景中,看到了一个虚拟的人物。第一组被试此时被告知,他们看到的这个虚拟人是刚刚那个学习程序的化身(学习导师);另一组被试则被告知,这个人只是一个陌生人的化身。之后被试要报告先后显示在虚拟人身上的两个英文单词。第一组被试看到的单词是和之前学习材料相关的词汇,而另一组被试看到的是无关词汇,这两组词汇对被试来说在难度、熟悉程度等方面差异很小。

任务要求被试从虚拟人左侧、右侧再到中间对这个虚拟人进行一番观察,最后报告这两个单词。实验记录了被试的空间位置信息,结果发现,认为这个虚拟人是学习导师的那组被试,在实验过程中和这个虚拟人保持了更大的距离。这与之前在现实中舒适距离研究的结论是相符的(人们会和地位高的人保持更大的距离)。实验者还记录了被试评价虚拟人的主观报告,包括对虚拟人的喜爱程度、对其地位的认识等,但并未发现两组被试的主观报告有差异。由此可见,保持社交距离更像一种下意识的行为。

用户是否信任虚拟化身

信任对人类的社交活动十分重要,但网络社交会让交流者之间的

身临其境

那些被VR影响的心灵、身体与社会

信任大打折扣。这背后包含了多方面的原因，比如通过文字表达的信息十分有限等。此外，人们可以在网络中精心包装自己，网络用户的匿名性让人在撒谎时产生较小的心理负担。那么，在VR社交中，人们是否会信任他人，信任VR世界中的虚拟化身呢？

购物中的信任危机一直是困扰消费者的重要问题。在VR环境中，能否通过智能化设计，使顾客产生更强的信任感？帕帕多普卢（Papadopoulou，2007）研究了这个问题。在购物过程中，导购希望顾客建立对自己的信任。因此，实验将购物行为中的信任搭建分为四个步骤，并给出每个步骤中导购需要具备的关键特质：

（1）作出服务承诺（热情的欢迎词、周到的全面介绍等），相应特质是"和善"；

（2）使服务承诺生效（提供产品信息、对比产品优劣等），相应特质是"能力"；

（3）保证服务承诺的有效性（追踪顾客订单、提供有效的售后服务等），相应特质是"正直"；

（4）综合交流（预见并应对消费者提出的疑问与意见等），相应特质是"有预见性"。

按照这四个步骤，研究者开发了相应的VR程序与人工智能虚拟导购，让被试戴上头戴式显示器进行购物体验。实验中，被试可以从第三人称视角看到身处购物中心的"自己"，以及身后跟随的虚拟导购。由于信任搭建的步骤与真实购物中的行为发生顺序高度重合，因此，虚拟导购可以按部就班地充当介绍者、引导者等角色，并在各阶段表现出所需要的相关特质，与被试共同完成信任搭建任务，并帮助被试完成购物行为。体验完毕后，被试完成测试问卷，测定各个过程中的信任情况与消费体验。

结果显示，在这四个信任搭建的步骤中，绝大多数被试认为，比起传统导购，他们更容易感受到虚拟导购身上的"和善""能力"等特质，并且更容易建立与虚拟导购的信任感。不仅如此，在个人访谈中，许多被试都表示，虚拟导购的行为使得商品信息更为全面、具体，购物体验也明显优于传统购物。这表明，只要设计合理，虚拟人也可以获取用户的信任。我们对虚拟人设计原则的建议包括：第一，根据现实中的心理需要来设计虚拟人的行为；第二，根据交流的目的和内容来设计虚拟人的形象；第三，给用户提供直观、有效的信息；第四，及时获取用户的反馈并作出反应。

利用虚拟化身消除人际隔阂

我是谁？这不仅是一个哲学问题，更是一个社会交往中的基本问题。

在社会交往中，社会心理学家对社会自我的研究由来已久，其中一个公认的理论是，个体扮演的社会角色是决定其自我概念的一大因素。大部分人都是天生的"演员"，在各个不同的人生舞台上尽力扮演好自己的角色。比如，当一个人以教师的身份站在讲台上时，他往往会不自觉地产生权威感和责任感。

在第二章中，我们讨论了虚拟化身对认知的影响。关于海神效应的研究表明，虚拟化身就是具象化的角色标签，悄然地影响着人们的态度与行为。

当你是个学生时，你可能不能理解教师工作的辛苦。只有当你成为教师，站在讲台上，你才会开始从教师的角度理解这份职业。同样，

身临其境

那些
被VR影响的
心灵、
身体与社会

社会交往中人与人之间的隔阂、误解、歧视，很多时候是因为没有设身处地去感受他人的想法与观念。长相、性别、年龄、职业等太多方面的差异，使人与人仿佛活在不同的世界。VR世界中的海神效应给人们带来了相互理解的希望——利用虚拟化身，每个人都可以被赋予新的角色，从而真正理解这个角色。

在叶（Nick Yee）等研究者2006年的一项研究中，被试在VR中使用了老人形象的虚拟化身，并且通过镜子观察和感受"自己"的身体。经过这样简单的步骤后，这些被试的态度测试结果显示，他们对老人的内隐态度比之前更友好了。还有许多学者将目光投向种族刻板印象问题。种族刻板印象是指人们往往会对与自己不同种族的他人存在偏见（包括正面的和负面的）。比如，遇到黑人就觉得可能与犯罪相关，或者觉得黑人的运动能力非常强。

能否利用VR中的海神效应来影响人的种族刻板印象呢？对于这个问题，不同的实验研究得到了相反的结论。在格鲁姆等人（Groom, Bailenson, & Nass, 2009）的研究中，实验组的被试先通过虚拟镜技术对黑人或白人的虚拟化身形成拥有感。随后，被试在VR中参与一场面试，面试完成后离开VR，其后再完成关于种族偏见的内隐测试。实验结果发现，相较拥有黑人化身的被试，拥有白人化身的被试表现出更多内隐的白人偏好，这似乎反映出VR中的海神效应会助长种族歧视。

但是佩克等人（Peck et al., 2013）的研究得到了相反的结论。佩克的实验同样是使用虚拟镜技术让被试产生对虚拟化身的拥有感，被试被分为三组，分别形成对浅色皮肤、深色皮肤和紫色皮肤的虚拟化身的拥有感。被试在VR中体验12分钟，在这段时间内，被试可以不断地在虚拟镜前做各种动作，也可以与其他人的虚拟化身进行互动,除此之外没有其他任务。实验结果显示,拥有深色皮肤化身的被试减少了对深色皮肤人的刻板印象。

这两个实验之所以产生相反的结果,很可能是由于实验方法存在差异。在佩克等人的研究中,被试有更长的沉浸时间,并且没有参加面试任务的压力,这或许能带来更强的身体代入感,而不只是简单地激活了大脑中关于种族的概念(这反而可能会启动刻板印象)。实际上,还有不少人的研究都独立验证了"在VR中拥有黑人身体会减弱对黑人的刻板印象"这一结果(如 Maister et al., 2013; Banakou, Hanumanthu, & Slater, 2016)。我们非常期待看到,当用户在VR中有足够的时间对虚拟化身产生更强的代入感时,拥有黑色肤色的被试的确能够减少对黑人的刻板印象。尽管如此,对于能否利用虚拟化身消除人际隔阂,是一个暂时不能下定论的问题,还需要有更细化、分情境的研究做进一步的验证。

隐患:VR引发攻击行为

社交既可以给人带来快乐,也可能会造成伤害。从社会心理学的角度来说,人或多或少都存在攻击倾向。一般情况下,有理智的人能在一定程度上抑制自己的攻击倾向,但在一些刺激的影响下,攻击性情绪可能会压过理智,导致人作出暴力行为。

自从电视、电影等媒体进入大众生活以来,关于"媒体是否会促进受众增加暴力行为"的讨论一直广受关注。过去人们担心电视、电影和视频游戏会引发攻击行为,现在,这种担忧延续到了VR上。在相关研究中,有人发现儿童在玩暴力游戏后,社交行为中的暴力行为显著增加;也有人发现暴力游戏对行为的影响程度还不如电视暴力

第四章

VR如何影响
社会

和文字暴力的影响大。卡尔弗特和坦（Calvert & Tan, 1994）的研究指出，临境感才是问题的关键。临境感越强，暴力和攻击倾向也越容易被唤醒。这种沉浸式且身临其境的暴力经历会让玩家情不自禁地变得更加愤怒和有攻击性。可以设想，在未来的VR社区中，如果有人以虚拟化身的形式攻击他人，这将对旁观者（尤其是儿童和青少年）造成非常恶劣的影响。

如果临境感影响了暴力的唤起程度，那么发展VR技术时就会顾虑重重。但是，真的是临境感在影响攻击性吗？卡尔弗特和坦对"VR沉浸式暴力游戏对于年轻人的影响"做过分析。实验的参与者是36名来自中产阶级家庭的大学生，男女各一半。实验者在正式实验前两周用量表测量他们的攻击性，并在VR环境中测量他们的心率。在开始正式实验之前，在现实环境中再测一次他们的心率。被试被分成男女两组，每组随机分配到三种实验条件的一种中。第一组被试玩4分钟的VR游戏（使用头戴式显示器），游戏内容包含占领地盘、躲避、枪战等；第二组被试一对一地观看第一组被试的屏幕；最后一组被试什么也不做。实验结束后，立刻测量被试的心率，并让他们勾选"多种情绪形容词检核表"（multiple affect adjective check list，简称MAACL）中描述他们此刻心情的形容词，之后再完成一份报告实验过程感受的问卷。统计分析结果表明，第一组被试报告的攻击性想法明显多于其他两组，该组被试心率增快速度也远超其他两组，而生理唤起的程度和性别没有关系。

通过和传统的、非沉浸式暴力游戏对比，佩斯基和布拉斯科维奇（Persky & Blascovich, 2006）进一步探究了这种影响的可能成因。研究者开发了一个射击游戏，玩家既可以通过普通屏幕，也可以通过头戴式显示器来玩这个游戏，同时研究者还开发了和这款射击游戏环境相同、任务动作类似的非暴力的绘画游戏。结果表明,同样的游戏内容,在VR环境中玩的玩家表现出的攻击性明显更强。这项研究还发现,在同样的VR环境中,安排基本相同的运动量,非暴力游戏的玩家表现出的暴力水平是最低的,比不运动的暴力游戏玩家还低,从而排除了运动的影响。

鲁尔和布什曼(Lull & Bushman,2016)专门探究了临境感强弱与诱发愤怒情绪难易的关系。在大屏幕的游戏环境中,194名被试被分成两组,玩同一个游戏,一组要尽可能杀害旁观者,另一组只需要打保龄球,每组有三种实验条件:使用2D显示器、2D投影和3D投影。游戏结束后用量表测量被试的临境感和愤怒情绪,结果发现,3D玩家的临境感最强,他们在暴力组中表现出比2D玩家更强烈的愤怒情绪。这再次表明临境感会放大暴力游戏的影响,使玩家更加愤怒。

以上研究说明,高临境感将增强由暴力游戏引发的攻击性。不过,对愤怒和攻击性的研究都停留在短期观察水平上,尚没有进行长期的跟踪研究,心理学实验的道德标准增加了这类实验的设计难度,或许未来基于大数据的调查能对这类研究有所帮助。

事实上,人除了直接的攻击行为(比如殴打他人)外,还存在间接的攻击行为(比如在背后传播他人的负面信息)。虚拟人实施的间接攻击行为也同样会对人产生伤害。例如,每个人都需要他人的尊重和重视,在虚拟环境中人们同样需要虚拟人的尊重,如果虚拟化身们有意孤立某人,这个人也会感觉很沮丧,这正是卡斯纳等人(Kassner et al.,2012)的研究结果。

在他们的实验中,被试被安排进入一个虚拟的足球场,与两位由工作人员通过电脑操作的虚拟人玩传球游戏。其中一组被试与其他两名虚拟人等概率轮流传球,而另一组被试在接到一个传球后,再也接不到球,那两名虚拟人自己玩了起来。结果发现,这些被孤立的被试,在社会归属感、控制感、自尊感、存在意义的自我评分上,都明显低于对照组。而且在虚拟环境中被孤立比起在现实情景中被孤立,前者引发的受挫感会更加强烈。这或许是因为虚拟人能够表现的表情少,看起来更无情。

我们平常在即时聊天群(微信群或QQ群)里发言时,偶尔也会出现冷场的情况,对于这种情况,我们或许尚能一笑置之。但是,在面对面交流的VR社交环境中被冷落时,就如同在现实中不被人在乎一样,难免让人产生强烈的孤独感与失落感。

小　结

在这一节,我们探讨了VR对社交的影响。可以预见,VR社交必将成为新一代社交模式,因为人们总在追求更强的社交临境感。在VR中,人们以虚拟化身的形式自然地交流,比起使用文字、语音为主的现有社交网络,VR社交能充分发挥非语言信息的交流作用,提高交流效率。利用VR中的海神效应,一定程度上还可以消除人与人之间的隔阂。但是,在VR中人们可以作出更直接的攻击行为,这给未来VR社交平台的启示是,一定要有合适的监管手段控制人们的暴力行为,以避免VR社交可能带来的强烈伤害。

VR如何影响教育

从传统的言传身教到现代的网络课堂,教学手段随着技术的进步在不断发展。

VR技术以其跨越时空、浸入式体验等特点,正在成为教育发展的新方向。

以历史教学为例,当你在课本上或演示文档(PPT)上学习第二次世界大战的历史,你能在多大程度上投入其中并记住相关内容?但是,如果让你亲历这段历史,以第一人称视角去经历这段历史中的重大事件,想必你一定终生难忘。

VR教育的前景如此让人心动,但是,目前VR教育领域尚处于拓荒期,还有许多问题需要解决。比如,VR应该通过什么方式提升学习效率? VR教育更适用于哪些教学领域? 教育从业者应当怎样利用这项新技术设计教育软件? 本节将从这些问题出发,探讨VR教育相较传统教育的优势所在,分析其特别之处及适用范围,并通过总结现有文献,对VR教育的设计方式提出建议。

VR提升学习动机

"我想学习天文知识,但教材上死板的行星分布图让我提不起兴趣。"

身临其境

那些被VR影响的心灵、身体与社会

"扇形叶、针状叶、卵形叶,没有见过实物的我总是分不清这些专业名词。"

"生物书上的细胞结构好复杂,我根本无法想象它们真实的样子……"

要想收获大量的知识,除了读万卷书,还要行万里路。书本中的知识通常是现实世界客观规律的抽象表达,学习效果受知识表述方式和学生思维能力的制约,学习过程也常常枯燥乏味,难以激发学生的学习动力。而VR技术可以突破时间与空间的界限,加上全新的人机交互方式,能够十分有效地规避传统学习模式的不足。

研究显示,VR的确可以提高儿童的学习动机水平。哈里斯和里德(Harris & Reid, 2005)以 8—12岁的大脑麻痹儿童(这类儿童受疾病影响,做事情的动机水平普遍较低)作为研究对象,探讨了VR体验对其学习动机水平的影响。值得注意的是,哈里斯和里德的研究并没有让这些儿童戴上头戴式显示器,而是通过实时摄像和动作捕捉技术,让儿童在大屏幕上以第三人称的视角看到虚拟世界中的自己。儿童共有128个VR游戏可以选择,除了必须先完成的适应性的简单游戏外,还可以在其中选择8个游戏进行体验。每款游戏体验后,研究者都会用"儿童动机问卷"(Pediatric Volitional Questionnaire,简称PVQ)评估其动机水平。

结果显示,一半以上的VR游戏能让儿童的动机得分提升到3分以上(3.62分以上就算高动机水平),而那些包含挑战性、可变性和竞争性元素的VR游戏对动机水平提升的促进作用更显著。这些结果表明,VR体验能使大脑麻痹儿童的动机水平获得显著提升,而动机水平又会影响个体的乐观感受与积极性，这些都是增进学习动力的重要因素。该研究从基础动机的层面为VR应用于基础教育奠定了基础。研究发现的挑战性、竞争性等更有利于提升动机水平的因素，也为VR教育产品的设计提供了启发。

真正将VR应用于教学时，VR会对学习产生哪些积极影响呢？黄等人（Huang，Rauch, & Liaw，2010）的研究以医科大学生为对象，测量了他们在VR环境中学习的临境感、交互性和想象力等方面的主观感受，以及在VR环境中学生学习的积极性和解决问题的能力。被试在VR中学习认识人体各器官与系统（如消化系统、泌尿系统等）的功能与结构。与传统学习不同，VR环境中的人体器官可以根据学习者的需求被放大、缩小或旋转，实现学习者与学习内容的全面交互。学生们在该VR环境中学习一个月，并完成评估VR环境中的临境感、交互性、想象力等主观感受的测量问卷，以及针对自身学习动机与解决问题能力的评估问卷。结果发现，VR环境确实提高了学生的学习动机和解决问题的能力。其中，临境感的增强对学习动机的促进作用最大，而交互性的增强对学生解决问题能力的提升作用最大。这一研究无疑对VR学习环境的积极作用给予了充分肯定，但值得注意的是，该研究只测试了VR环境中学生的动机与能力的变化程度，缺少在非VR环境中学习的控制组作为对照。

尼科尔森等人（Nicholson et al., 2006）的研究发现，3D呈现比2D呈现更能使学生接受关于解剖结构的知识。该研究使用的VR教学系统较为初级，无法实现诸如局部结构的剖析和与学生的互动等功能，因此不能代表VR环境的理想状态。但即使在较为粗糙的VR学习环境中，学生的学习动机和能力依然能够得到提升。

VR中的互动学习

师生之间的互动以及学生之间的合作都是提高学习效率的重要途径。然而,将互动因素引入VR学习,其效果与真实世界中一样吗? VR环境中的学生是否还能够建立团队意识?互动本身会对学习体验造成何种影响?技术发展是否限制了互动的真实性?这些都是VR环境中的互动学习所面临的实际问题,研究者们也在为解决这些疑问而不懈努力。

里克尔和约翰逊(Rickel & Johnson, 2002)的研究使用VR环境中的虚拟人物来帮助个体进行团队训练,包括正确认识自己在团队中的位置以及学会该以怎样的方式与团队成员合作。开展该研究的初衷是弥补现实环境中团队训练过程中存在的不足,例如训练员数量有限导致的训练时间限制,团队训练中部分成员缺席导致的训练无法开展,等等。研究中设计开发出的虚拟人史蒂文(Steve),具有担任训练辅导员或替代团队成员两种功能,可以帮助受训者们很好地解决上述两个问题。

研究中使用的场景多为海军训练中可能遇到的突发情况,需要整个团队通力合作才能解决,例如航行过程中船只油箱压力失衡,需要团队成员合作调节。系统会向受训者们提供任务面板,包括步骤、要求及所需成员的角色等内容;根据不同的任务,虚拟人史蒂文(程序中预设的人工智能)扮演任务指导者或团队成员两种角色。虚拟人与实际受训者在虚拟世界中的呈现方式具有差异,方便受训者们更好地分辨团队成员身份。

结果发现,即使是用虚拟人作为替代者进行训练,受训者们仍然能融入指定的团队角色并很好地完成任务,并没有产生无法合作等负面结果,这证明了虚拟人在团队训练中的作用。该研究并没有采用问卷调查或行为实验的方法对与虚拟人合作后的受训者进行后验检测,也没有设置虚拟场景训练与实际场景训练的对照。因此,我们并没有办法从该研究中直观地看出与传统的团队训练相比,包含虚拟人的虚拟环境训练是否有更积极或更消极的作用。研究者们将重点放在了探索虚拟人史蒂文的行为操作方式、沟通模式等方面上,因此也并没有给出比较性结论。但从这个研究中,至少可以明确虚拟人的存在并不会阻碍受训者在虚拟世界中的任务完成,在某种程度上,甚至还可以帮助受训者更好地适应团队、理解任务。这一结果为更复杂的VR交互环境构建及虚拟人物的投放奠定了基础。

为了更好地对VR学习环境中的互动行为进行探讨,研究者们开发了一套可以在虚拟世界中互动的学习系统——虚拟现实互动合作学习系统(collaborative learning environment with virtual-reality,简称CLEV-R)。该系统完全建立在VR环境中,为学生、导师和同伴提供了多种互动途径,包括文本聊天、语音通信和网络摄像3D投影环境等。这个虚拟环境模拟了一个真正的大学,包含讲堂、会议室和可以用来自由交谈的非正式区域。在这个虚拟环境中,只需要提供相应的课程,任何教学内容都可以通过该系统学习。

莫纳罕等人(Monahan, Mcardle, & Bertolotto, 2008)的研究对CLEV-R系统是否会在学习体验、社会互动等方面对学生产生积极作用进行了探讨。研究者招募了一些学生与导师在CLEV-R系统中实施教学任务。学生需要参加一个在线讲座,导师通过播放幻灯片简要说明如何使用CLEV-R,并分配给学生分组任务,让其探索3D环境及其提供的功能。随后进行问卷调查,了解用户以前的计算

> 身临其境
>
> 那些被VR影响的心灵、身体与社会

机体验和对CLEV-R的使用反馈。结果显示，所有测试对象都喜欢CLEV-R；所有测试对象都认为在线讲座是有效的；78%的测试对象感到自己是所在小组的一部分，有良好的临境感和存在感，与他人合作愉快；所有测试对象参与了与环境的互动且在实验过程中保持着学习兴趣，其中89%的测试对象认为VR环境是社会互动的有效手段。

这些研究数据表明，VR以其独特的沉浸式体验增加了学生在互动过程中的参与感与存在感，增加了社会互动的活力。与传统的网上课堂相比，VR教学系统更好地满足了学生的社交需求，提高了参与度，让学生在学习活动与小组任务中具有更高的积极性，从而促使其提高学习效率。但是，也应该注意到，CLEV-R系统仍然存在一些不足，例如，其交互方式尚处于初级阶段，还没有很好地发挥出虚拟现实具象化、沉浸式的优势；其场景中存在的人物均为真实的学生与老师在虚拟世界中的化身，没能很好地将计算机模拟的"虚拟人"这一有效工具投入到场景中，以帮助学生适应团队合作等任务。

如何改善虚拟学习环境中的交互方式，使其发挥更大效用，以及如何拓展人物关系以增强虚拟社交的属性，都是未来系统发展需要考虑的问题。

VR游戏教学

> *"玩游戏充分激活了与快乐相关的神经系统和生理系统，包括注意力系统、激励中心、动机系统以及情绪和记忆中心。"*
>
> *——《游戏改变世界》*

玩是人的天性，绝大部分学生都希望学习过程可以像玩游戏一样快乐。针对这样的需求,游戏式教学应运而生,并广泛应用于基础教育领域,尤其是早期儿童教育中。若将游戏作为应用于教学的辅助方法,就应当充分发挥其自由、开放、体验性强的特点。面对不同的教学内容,游戏形式应有针对性。满足以上要求,游戏教学才能真正焕发活力,改善学习体验,提高学习质量。

然而,游戏教学的现状不容乐观。受游戏形式单一、可玩性低以及与教学内容生硬匹配等因素的限制,很多游戏教学方式并不能真正实现寓教于乐。游戏的体验性、娱乐性与学习本身的有效性之间存在着诸多矛盾,从而出现了"有趣的游戏知识内容少,知识内容多的游戏不好玩"这样的现象。为了解决这一问题,研究者开始考虑将VR技术引入游戏教学,利用VR技术的沉浸式体验与强交互性,提升用户的游戏体验,进而激发其对教学内容的兴趣,提高学习绩效。

维沃和卡特肖尼斯(Virvou & Katsionis,2008)对在课堂教学过程中,VR游戏化教学是否具有良好的可用性,以及学生对VR教学游戏的喜爱程度进行了研究。实验中,根据对学生过去游戏经历的调查,研究者将学生分为三类——初级游戏者、中级游戏者和专家级游戏者。随后让学生参与一个地质课的虚拟游戏教学任务(VR-ENGAGE,一种虚拟现实的冒险游戏任务,以一种激励人的方式教授学生地理学知识),内容包括水世界、火山世界等场景,学生在学习过程中需要回答相应的问题,每答对一定数量的问题将获得一把虚拟钥匙,以解锁虚拟世界中的新区域。测试分为两种环境——学校与家庭。每种环境中,学生都需要进行三种形式的体验:(1)使用VR-ENGAGE;(2)使用没有VR,也不具有游戏性质的普通教学软件;(3)使用不具有教学性质的纯游戏软件。

使用VR-ENGAGE的被试被分成两组,分别体验"VR-

第四章

VR如何影响

社会

ENGAGE+普通教学软件"和"VR-ENGAGE+纯游戏软件",然后对软件的使用性与喜爱性进行评估,结果发现更多的学生喜欢VR-ENGAGE。这一虚拟游戏教学系统在可用性方面给初级游戏者造成了一定的使用障碍,但没有影响他们对于该系统的喜爱。

研究者还将VR-ENGAGE和没有教学功能的虚拟游戏进行对比,让学生自由选择使用种类与游戏时间,然后填写调查问卷,调查包括两款软件的使用性、喜爱程度与各自花费的时间等。结果显示,对于中级游戏者和专家级游戏者,没有教学功能的虚拟游戏对他们更具有吸引力,因为这类游戏具有更复杂的虚拟环境,而且更具挑战性。根据这个结果,研究者建议,在VR-ENGAGE中,可以适当增加虚拟环境的复杂性,以提高学习者对其的喜爱程度。

这些研究结果表明,VR游戏教学软件比普通游戏教学软件具有更高的吸引力,学生们更愿意选择VR教学游戏软件作为学习工具,并且使用过后也的确有更好的学习效果。在一定程度上,VR教学游戏的吸引力甚至超过了普通商业游戏,这为教学游戏的开发增添了信心。研究者应当深入地分析VR游戏优于VR教学游戏的因素与特质(例如环境的复杂性与游戏的挑战性),从而使VR教学游戏的吸引力更上一层楼。

VR职业技能培训

除了基础教育领域,VR技术也被广泛应用于特殊职业培训,尤其是用于模拟危险环境或者现实中不易接近的环境,例如军队中的战斗仿真教学、建筑工程师的专业训练等。这些职业的传统培训要么耗资巨大,要么因技术受限而无法付诸实际,只有依靠VR技术才能够在更为逼真的环境中进行训练。目前,建筑工程师培训、军事训练、外科手术培训是与VR结合最紧密的三个领域。

(1)VR建筑工程师培训。

建筑领域一直是VR技术应用的热门领域。早在2000年前后,美国洛杉矶和费城就建立了完整的虚拟城市系统。国内这一领域虽然仍处于起步和探索阶段,但在城市模拟方面,深圳和上海也已经分别在福田中心区和浦东新区建立了采用超级操作系统(UNIX)虚拟现实图形工作站的城市模拟系统。在对职业建筑工程师的培训中,VR建筑工程师培训更是以其高度仿真、可视化强的特点成为重要的培训方式。

拉希米安等人(Rahimian, Arciszewski, & Goulding, 2014)在他们的研究中宣称,当今社会所需要的建筑工程师不仅需要具备构建经典、传统的建筑物的能力,还需要拥有创造新奇、灵巧的新建筑结构的能力,并要能制定切实可行的建筑方案。为了满足这些要求,传统的图纸式练习与培训已经稍显落后,建筑工程师培训过程需要拥有更为可视化的立体界面与可以交互的虚拟结构。因此,基于VR技术的建筑工程师培训是未来的趋势之一。

(2)VR军事训练。

在军事训练领域,VR技术早已渗透到方方面面,发挥着越来越大的作用。在美国,VR军事训练方式更是在虚拟战场模拟、武器装备与研发等方面逐渐取代传统训练方式,开始成为培训的主流方向。

韦伯斯特(Webster, 2014)的研究指出,VR技术对于军事训练具有重要意义,相较搭建实地演习战场,构建VR战场无疑更为经济高效;而比起通过传统多媒体、幻灯片演示等方法向士兵们传授军事知识，在VR战场上的体验将是更为具象化、交互化的训练模式。为此，韦伯斯特等人尝试搭建了一个针对腐蚀预防与控制能力的VR军事训练平台，并将其与传统军事训练方法进行了优劣对比。结果发现，就基础理论与行为原则的学习而言，VR军事训练平台优于目前普遍采用的传统军事训练方法，如多媒体教学方式（常见的有PPT演示文稿等）；同时，有些训练类型的学习效果会随着训练时间的增加而提升，有些训练类型却恰恰相反，其学习效果会随着训练时间的增加而降低。这种训练类型与时间的相互关系的差异，在统计上是显著的。对于VR军事训练平台，较短的训练时间可以取得更好的训练效果；而在学习内容的保持方面，VR军事训练平台与传统军事训练方法没有显著差别。

（3）VR外科手术培训。

外科手术培训是VR技术运用于医疗领域的重要内容。临床手术经验对外科医生来说至关重要，然而现实却是手术风险高，新晋外科医生缺乏实际锻炼机会。因此，一个可以全面仿真的外科手术培训练习平台就显得至关重要了，而VR技术无疑是搭建这样一个平台的最便捷的方式。

VR外科手术培训是建立在人体结构仿真与重建基础上的更高层次的VR应用，这一应用更强调人机交互。早在2000年，法国国家信息及自动化研究院（Institut national de recherche en informatique et en automatique，简称INRIA）的研究项目组就开发了基于虚拟现实的肝脏手术模拟器，帮助外科医生进行肝脏手术的训练。在国内，也有研究者通过CT连续断层扫描与3D重建技术，对病变脊椎进行三维立体重构，并将其导入虚拟现实系统，以方便外科医生观察和研究，同时可以在数字化模型上进行手术训练。然而，VR

仿真手术平台的使用真能有效提升外科医生的手术水平吗？

加拉格尔等人（Gallagher et al., 1999）的研究想通过VR训练的方式帮助新手医生们克服内窥镜外科手术中经常遇到的支点效应（即实际操作对象的左右关系与显示器中图像的左右关系相反的现象，会对医生的判断造成干扰）的影响。研究者选取了16名毫无外科手术经验的被试，要求其在实验室中于2分钟内根据要求完成多个特定切口的内镜检查任务。一半被试在任务开始前接受VR训练，另一半接受普通培训。

结果显示，接受VR训练的被试在切口的正确性上显著高于对照组，而且这种优势不随训练时间的增加而改变，同时，VR训练组的被试也更倾向于使用双手完成任务。这说明，VR训练这个可重复的、安全的学习环境不仅可以帮助外科医生提高手术水平，还能够有效克服支点效应。

然而，对于VR手术训练的有效性也存在争议。阿尔贝格等人（Ahlberg et al., 2002）认为加拉格尔等人的研究用毫无医学背景的人作为被试，不能很好地反映训练效果。为此，他们选取了没有任何手术经验但在医学专业学习的医学生作为实验被试。被试分为两组：一组接受VR模拟手术训练，另一组通过教学视频进行培训。之后，两组被试都以猪为材料进行腹腔镜检查手术。手术过程全程录影，并交由3位专家对被试的表现进行评价。

实验结果显示，两组被试在综合评分上没有显著差异。接受VR模拟手术训练的被试并没有在手术中表现出更高的准确性。这些研究者认为，对于VR模拟手术训练能否有效提升手术水平这一问题，尚不能过早下定论。但他们也承认，在手眼合作与协调方面，接受VR模拟手术训练的被试有更好的表现，不过这一指标不能作为手术技能评价的决定因素。

VR教育产品的设计准则

怎样才能用好VR这一工具,设计出更为优质的教育产品呢？黄等人(Huang, Rauch, & Liaw, 2010)总结了VR学习中可以应用的五种学习策略:情境学习、角色扮演、合作与协作学习、基于问题的学习以及创造性学习。同时,根据这五种学习策略,他们进一步提出了VR课程设计准则:

(1)引导学生在虚拟环境中进行互动式学习。

研究者认为,高交互性学习体验是VR最有价值的特点之一。教育心理学的理论认为,学习过程中的互动行为与学习过程的关系是最为密切的。而在VR课堂里,这种互动需要依靠系统来创造,并在恰当的时机,合理地替代互动角色与学生进行交流,使学生能够更好地理解学习的内容并付诸行动。

(2)通过解决问题提高创造力。

现代社会日新月异,学生不仅需要学习技能,还需要具有将技能应用于不同场景的适应力与创造力。VR教育系统本身所具有的想象性与临境感等特点都是很好的条件,可以促进学生抽象提取概念的经验,赋予其自然而又富有想象力的学习过程。VR学习系统不仅要为学生提供教学机会,而且应重视对学生分析问题能力与探索创新能力的培养。

(3)提高学生的学习动机。

通过临境感提高学生的兴趣与动机,是VR教育系统相较传统教育方式最具优势的地方。学习动机也是影响学习的主要认知因素,动机高的学生可以更有效地学习。因此,通过技术提升,创造出临境感更强的虚拟学习环境,是VR课程设计的重中之重。

这些准则可以为VR课程的设计者们提供一些参考。但这些建议多是在某些情境下,针对某一特定技能的学习所提出的具体的、非通用性的建议。对于不同技能的学习,尤其是针对特殊职业的培训,如何设计有针对性的VR课程仍然需要进一步的思考与探索。

VR教育产品的设计策略

上述基本准则为VR教育产品的设计提供了大的框架,但还需要进一步考虑具体的设计策略。衡量教育产品设计策略的效果时,通常关注两个问题:

第一,该策略能否使学生更加集中精力在学习任务上?这关注的其实是动机问题。好的策略会使学生产生较高的学习欲望,从而自然地投入学习中。

第二,该策略能否使学生对知识内容记得更好?这关注的其实是记忆力。好的策略应引导学生关注学习内容,并让学生对这些内容留下深刻印象。

拜伦森等人(Bailenson et al., 2010)提出了一种被称为"非零和视线"虚拟教室的设想,并通过实验考察其作用。在"非零和视线"虚拟教室中,老师和学生都以虚拟化身的形式出现在VR课堂中。其精巧之处在于,每位学生都会看到老师的虚拟化身的视线一直在注视着自己。这当然是VR程序搞的鬼,毕竟在现实世界中,一位老师不可能同时看着教室里的每个学生。

为什么要做这样的设计呢?这是因为,当老师看着学生时,学生

身临其境

那些
被VR影响的
心灵、
身体与社会

会更专心听讲。在现实中,这种目光激励策略通常只能用于少数前排的学生。但在虚拟教室里,每个学生都可以得到老师目光的关照。拜伦森等人的实验表明,"非零和视线"组的学生要比控制组的学生更多地注意教师的虚拟化身,并记住了更多的内容。

拜伦森等人还发现,注视行为是可以"传染"的。在课堂上,当大部分学生都专心地看向老师时,剩下的学生也会受这种气氛的影响而专心听讲,反之亦然。在这个实验中,研究者在真实学生的虚拟化身中间安插了一些"假学生",即由电脑程序控制的虚拟人。在高凝视组,这些虚拟人都看向老师的虚拟化身;在低凝视组,则与之相反。结果发现,高凝视组被试在记忆测试中的表现要优于低凝视组被试。可见,虚拟教室中的其他人(即使是虚拟人)会影响个体的学习。

虚拟教室还可以用来训练老师,比如前面提到的老师的目光分配问题。为了训练老师们有意识地用目光注视后排的学生,在拜伦森等人的"非零和视线"虚拟教室中,如果一个学生的虚拟化身被老师长时间忽视,就会逐渐变得半透明,以提醒老师:"他在你眼里已经快是个透明人了!"实验结果显示,这种设计能够增加老师关注身处教室角落的学生的时间。

"非零和视线"虚拟教室背后的理念是,通过提升学生在课堂上的专心程度来提高其学习表现,本质上是一种基于传统教室学习的提升方案。但是,如前文所述,VR教育区别于传统教育的主要特征是,它能让学生身临其境地学习。比如学习有关海底生物的知识时,学生可以在VR创造的海洋世界中探险。这正符合建构主义(constructivism)教育所推崇的理念:让学生体验尽可能逼真的环境,从中学会反射式行为,从而尽可能少地使用抽象再造的内容。

"记忆宫殿法"是这种建构主义学习的一个应用例子。所谓"记忆宫殿"，实际上是利用人们非常熟悉的场景，将需要记忆的事物与熟悉场景中的事物联系起来，以达到记忆多个本没有联系的目标项的目的。"记忆宫殿法"操作简单：首先，需要设定一个熟悉的环境，可以是家或校园；其次，需要设定记忆的位置和顺序，即在熟悉环境的空间位置上标上顺序，并将记忆项目依次"摆放"在这些空间位置上；最后，按顺序回忆这些空间位置，来提取被"摆放"的记忆项目。

"记忆宫殿法"在教育中被广泛应用，它帮助学习者在记忆环节中拥有更加有效的记忆策略。但是从对"记忆宫殿法"的描述中可以看出，该方法十分考验记忆者的具象思维能力。一旦记忆者无法很好地构建出"记忆宫殿"的细节，或是在细节顺序上存在疑问，那么这种记忆法就会变得毫无用处。而这种对于具象思维能力的要求恰恰符合VR教育系统所具备的独特能力。结合"记忆宫殿法"，VR教育设计在帮助学习者提升记忆力这一领域又有了全新的设计方向。例如，南加州大学信息科学学院开发的用于学习外语的虚拟城市环境就是两者结合的有力体现（Losh，2006）。该系统引导驻伊拉克美军在VR的沉浸式环境中使用"记忆宫殿法"强化对阿拉伯语词汇的记忆，从而更好地完成战术部署等目标。

让学生在虚拟环境中充分体验是提高学习效率的途径，但是，应该让学生自由地探索，还是通过程序引导学生注意特定目标呢？古等人（Goo et al.，2006）的研究通过实验探讨了VR教育软件有无引导过程以及VR中的刺激类型对学习者的注意和记忆的影响。实验使用了一款VR海底世界教学软件，被试的主要任务是发现并记忆海底里的几种鱼类。实验设置了两种学习模式：引导模式下，用户会得到目标鱼类的线索与提示，并被自动带到目标鱼类前；无引导模式下，用户自由地在VR环境中探索，努力发现目标鱼类并记下来。被试分为两组，G-U组被试先参与引导模式学习，休息20分钟后参加无引导模式学习，而U-G组的学习顺序恰好相反。两种模式的学习时间均为5分钟。实验使用了眼动、脑电、心电、皮肤电等生理数据去测量被试的注意行为、唤醒程度、受惊程度，辅以主观报告量表、问卷和监控视频的内容分析。

研究主要的结论有：

（1）引导模式下投入注意资源更多；

（2）对于与学习任务相关的目标，引导模式比无引导模式效果更好；

（3）存在预览效应（preview effect），即U-G组记住的项目（包括学习任务和非学习任务）比G-U组多，说明U-G组比G-U组注意到了更多内容，但G-U组把更多注意用在了任务目标上；

（4）与触觉反馈、听觉刺激、视角变换、快速移动相关联的物体更加吸引注意力。

由此可见，有无引导的学习模式会产生不同的学习效果，刺激形式对于引导被试的注意力也非常重要。不过，遗憾的是，此研究只有8名被试参与，并且学习时间较短，其结论未必能令人信服。

小 结

在本节中，我们探讨了VR对教育的影响。VR教育及相应的衍生系统具有超越传统教育的优势，其重点在于能让学习具有更强的临境感，学习者可以通过视觉、听觉、触觉等多种感觉来获得在传统学习过程中难以感受到的交互体验。同时，它也为学习和训练提供了安全的环境，满足了学习者的心理需求。归根结底，提升VR技术的沉浸式体验是未来VR教育发展中最为核心的内容。

当然,VR在教育中的应用也存在局限性。例如,VR不适用于年龄较小的儿童,因为他们的视觉、手眼协调能力和平衡能力都尚未发育成熟;由于VR晕动症,用户不能持续使用过长时间。尽管如此,VR在教育领域的潜力仍不可小觑,它将对整个教育领域的变革产生划时代的推动作用。同时,也应该注意到,VR在教育中只扮演工具的角色,只能为教育发展推波助澜。对教育本身而言,其核心还是面向未来的教育理念。在日新月异的时代变革中,如何将崭新的教育理念和与时俱进的新技术融为一体,才是最需要我们思考的问题。

第四章

VR如何影响
社会

后 记

Postscript

全书结语

后记

"虚拟现实"这个概念正被越来越多的大众知晓,但是作为一项新技术,真正能够有效利用VR技术的人并不多。根据美国著名传播学学者罗杰斯(Everett M. Rogers)在20世纪60年代提出的创新扩散理论(diffusion of innovations),一项创新应用的传播与被采用需要经历"先慢后快,再逐渐趋于平缓"的S型发展曲线。在这个过程中,只有约2.5%的创新者(innovator)和13.5%的早期使用者(early adopter)在推动创新应用的传播,但也正是这一小部分人对新技术的扩散起到了至关重要的作用。

作为本书的创作团队,我们有幸成为推广VR技术的弄潮儿,为普及VR知识与应用尽一份绵薄之力。早在2011年,斯坦福大学的拜伦森(Jeremy Bailenson)和加州大学圣芭芭拉分校的布拉斯科维奇(Jim Blascovich)所著的《虚拟现实:从阿凡达到永生》(*Infinite Reality: Avatars, Eternal Life, New Worlds, and the Dawn of the Virtual Revolution*)第一次系统地结合VR与心理学,为读者描绘了种种与VR息息相关的未来图景。而本书在此基础之上,提出了一个更深远、更具体的问题:VR对人有什么影响,继而对人类社会有什么影响? VR技术的特色与优势都是通过它的使用者——人来实现的,因此,要想真正发挥VR技术的潜能,就必须了解VR与人以及人类社会的关系。

身临其境

那些被VR影响的心灵、身体与社会

自20世纪90年代开始，学术界已积累了不少关于VR对人的影响的研究。大量研究显示，VR技术对人的影响涉及方方面面：从人对内部自我和外部世界的认知到身心健康，再到社会交往与教育。

事实上，VR对人的这些影响源自不同的原因。有的影响源自VR世界与真实世界的差别，比如VR中的迷航现象是因为人在VR中进行空间巡航时所采用的感官信息与在现实生活中采用的信息不同；有的影响源自VR的高临境感，比如VR镇痛正是利用了VR的临境感让病患忽略真实世界中的疼痛；有的影响源自VR可以将想象的内容变得逼真，用近乎真实的"经历"改变人的想法，比如海神效应就是让人体验前所未有的身份而改变认知。当然，还有一些影响背后的成因仍需要研究者的进一步探索和确认，比如VR晕动症、空间压缩效应等。

一方面，随着VR技术仿真度的不断提升，目前已知的VR会对人产生的影响还会发生新的变化，可能是正面的变化，也可能是负面的变化。比如，随着VR技术的发展，通过VR进行社交的用户体验到的社交临境感将越来越强，身处两地的用户能够真正面对面地交流，但是高度逼真也会加剧虚拟世界中暴力行为对人的刺激，受刺激的用户可能会在现实中更多地作出攻击行为。这警示我们，在发展技术的同时，必须预先考虑如何控制技术发展带来的负面影响。

另一方面，开发者可以利用VR的种种特性，比如高临境感、第一人称体验、信息实体化等来设计造福人类的产品。VR教育应用就是一类非常有希望造成革命性影响的应用，当这样的应用成熟后，人类将前所未有地在有限的生命时光里获得无穷的知识与体验。但是，该如何使用VR去设计相关的应用，从而发挥最大的效果，仍需要相关研究者和从业人员不断地寻找答案。

后 记

VR技术发展迅猛,因而书中提到的许多实验所使用的VR技术在今天看来已然落伍。同时,受技术限制,很多有意思的研究课题(比如VR社交)难以开展。但我们也相信,随着研究手段的日趋成熟,VR研究可以为开发者带来更多重要的信息与启发。另外,必须承认,尽管我们已经极力收集相关文献,但难免会有一些疏漏,如果日后此书有机会再版,我们定会将内容补充得更加翔实。

最后,衷心感谢上官福豪、温馨、施姚希、黄晓韵、陈依劼、詹少炜、方略、郭无求等同学为此书编写作出的贡献。

浙江大学心理与行为科学系李峙研究组
2017年11月

终 篇

身临其境

那些
被VR影响的
心灵、
身体与社会

2016年年底，S-Tech工作室非常偶然地遇见了刚刚从美国回来的李峙老师。李老师成立了李峙研究组，在心理学方向上，对VR技术展开了十分具有前瞻性的探索工作。也恰好是在2016年年初的时候，VR的应用前景被一片看好，但如何利用好新技术，最大程度实现人与社会的发展，是S-Tech工作室十分想要一探究竟的问题。

所以，我们几乎是一拍即合地敲定了合作，腾讯研究院S-Tech工作室和浙江大学心理与行为科学系李峙研究组，迅速组建了VR心潮联合工作组，在李峙老师的带领下，高效地推动"VR心潮"系列研究的梳理。

VR心潮联合工作组是一支朝气蓬勃的团队，组内每一位小伙伴都在研究项目上展现出令人敬佩的专注、严谨和创造力，让本书拥有不俗的品质。在此，S-Tech工作室要向他们表达最诚挚的谢意，他们是：李泽宇、严晨毓、上官福豪、胡雅晨、忻可云、陆紫茵、李蔚、娄佳飞、温馨、施姚希、陈依劼、詹少炜、方略、郭无求、黄晓韵。

《身临其境——那些被VR影响的心灵、身体与社会》只是"VR与人和社会"研究的一个起点，VR心潮联合工作组将持续对这一领域进行更深入的研究，呈现更好的作品，敬请期待。

腾讯研究院S-Tech工作室

2017年11月

参考文献

Ahlberg, G., Heikkinen, T., Iselius, L., Leijonmarck, C. E., Rutqvist, J., & Arvidsson, D. (2002). Does training in a virtual reality simulator improve surgical performance? *Surgical Endoscopy, 16*(1), 126–129.

Amorim, M. (2003). "what is my avatar seeing?" : The coordination of "out-of-body" and "embodied" perspectives for scene recognition across views. *Visual Cognition, 10*(2), 157–199.

Argyle, M. (1988). *Bodily communication* (2nd ed.). New York: Methuen.

Armbrüster, C., Wolter, M., Kuhlen, T., Spijkers, W., & Fimm, B. (2008). Depth perception in virtual reality: Distance estimations in peri- and extrapersonal space. *Cyberpsychology & Behavior : The Impact of the Internet, Multimedia and Virtual Reality on Behavior and Society, 11*(1), 9–15.

Bailenson, J. N. (2009). The difference between being and seeing: The relative contribution of self-perception and priming to behavioral changes via digital self-representation. *Media Psychology, 12*(2), 195–209.

Bailenson, J. N., Beall, A. C., Blascovich, J., & Rex, C. (2004). Examining virtual busts: Are photogrammetrically generated head models effective for person identification? *Presence Teleoperators & Virtual Environments, 13*(4), 416–427.

Bailenson, J. N., Beall, A. C., Loomis, J., Blascovich, J., & Turk, M. (2010). Transformed social interaction, augmented gaze, and social influence in immersive virtual environments. *Human Communication*

Research, 31(4), 511–537.

Bailenson, J. N., Blascovich, J., Beall, A. C., & Loomis, J. M. (2003). Interpersonal distance in immersive virtual environments. *Personality and Social Psychology Bulletin, 29*(7), 819–833.

Banakou, D., & Slater, M. (2014). Body ownership causes illusory self-attribution of speaking and influences subsequent real speaking. *Proceedings of the National Academy of Sciences, 111*(49), 17678–17683.

Banakou, D., Hanumanthu, P. D., & Slater, M. (2016). Virtual embodiment of white people in a black virtual body leads to a sustained reduction in their implicit racial bias. *Frontiers in Human Neuroscience, 10*, 601.

Bantick, S. J., Wise, R. G., Ploghaus, A., Clare, S., Smith, S. M., & Tracey, I. (2002). Imaging how attention modulates pain in humans using functional MRI. *Brain, 125*(2), 310–319.

Barfield, W., & Hendrix, C. (1995). The effect of update rate on the sense of presence within virtual environments. *Virtual Real, 1*, 3–16.

Barfield, W., Baird, K. M., & Bjorneseth, O. J. (1998). Presence in virtual environments as a function of type of input device and display update rate. *Displays, 19*, 91–98.

Barfield, W., Hendrix, C., & Bystrom, K. E. (1999). Effects of stereopsis and head tracking on performance using desktop virtual environment displays. Presence-Teleoper. *Virtual Environ, 8*, 237–240.

Bekele, E., Zheng, Z., Swanson, A., Crittendon, J., Warren, Z., & Sarkar, N. (2013). Understanding how adolescents with autism respond to facial expressions in virtual reality environments. *IEEE Transactions on Visualization & Computer Graphics, 19*(4), 711–720.

Bergouignan, L., Nyberg, L., & Ehrsson, H. H. (2014). Out-of-body-induced hippocampal amnesia. *Proceedings of the National Academy of Sciences of the United States of America, 111*(12), 4421–4426.

Birch, A. M., Mcgarry, N. B., & Kelly, A. M. (2013). Short-term environmental enrichment, in the absence of exercise, improves memory, and increases NGF concentration, early neuronal survival, and synaptogenesis in the dentate gyrus in a time-dependent manner. *Hippocampus, 23*(6), 437.

Bodenheimer, B., Meng, J., Wu, H., Narasimham, G., Rump, B., et al. (2007). Distance estimation in virtual and real environments using bisection. *Symposium on Applied Perception in Graphics and Visualization, 21*, 35–40.

Botella, C., Gracía-Palacios, A., Villa, H., Baños, R. M., Quero, S., Alcañiz, M., & Riva, G. (2007). Virtual reality exposure in the treatment of panic disorder and agoraphobia: A controlled study. *Clinical Psychology and Psychotherapy, 14*, 164–175.

Bourdin, P., Barberia, I., Oliva, R., & Slater, M. (2017). A virtual out-of-body experience reduces fear of death. *PloS one, 12*(1), e0169343.

Bruder, G., Pusch, A., & Steinicke, F. (2012). *Analyzing effects of geometric rendering parameters on size and distance estimation in on-axis stereographics.* ACM Symposium on Applied Perception,111–118.

Calvert, S. L., & Tan, S. L. (1994). Impact of virtual reality on young adults' physiological arousal and aggressive thoughts: Interaction versus observation. *Journal of Applied Developmental Psychology, 15*(1), 125–139.

Cho, S., Ku, J., Park, J., Han, K., Lee, H., et al. (2008). Development and verification of an alcohol craving-induction tool using virtual reality: Craving characteristics in social pressure situation. *Cyberpsychol Behav, 11*(3), 302–309.

Clemenson, G. D., & Stark, C. E. (2015). Virtual environmental enrichment through video games improves hippocampal-associated memory. *Journal of Neuroscience the Official Journal of the Society for Neuroscience, 35*(49), 16116–16125.

Clemenson, G. D., Lee, S. W., Deng, W., Barrera, V. R., Iwamoto, K. S., Fanselow, M. S., et al. (2015). Enrichment rescues contextual discrimination deficit associated with immediate shock. *Hippocampus, 25*(3), 385–392.

Craske, M. G., Treanor, M., Conway, C. C., Zbozinek, T., & Vervliet, B. (2014). Maximizing exposure therapy: An inhibitory learning approach. *Behaviour Research & Therapy, 58*(1), 10–23.

Dahlquist, L. M., McKenna, K. D., Jones, K. K., Dillinger, L., Weiss, K. E., & Ackerman, C. S. (2007). Active and passive distraction using a head-mounted display helmet: Effects on cold pressor pain in children. *Health Psychology, 26*(6), 794.

Dahlquist, L. M., Weiss, K. E., Law, E. F., Sil, S., Herbert, L. J., et al. (2009). Effects of videogame distraction and a virtual reality type head-mounted display helmet on cold pressor pain in young elementary school-aged children. *Journal of pediatric psychology, 35*(6), 617–625.

Ehrsson, H. H. (2007). The experimental induction of out-of-body experiences. *Science, 317*(5841), 1048–1048.

Esubalew, B., Zheng, Z., Lahiri, U., Swanson, A., Davidson, J., Warren, Z., et al. (2012). *Design of a novel virtual reality-based autism intervention system for facial emotional expressions identification*. The International Conference on Disability, Virtual Reality and Associated Technologies, 427–430.

Fabel, K., Wolf, S. A., Ehninger, D., Babu, H., Leal-Galicia, P., & Kempermann, G. (2009). Additive effects of physical exercise and environmental enrichment on adult hippocampal neurogenesis in mice. *Frontiers in Neuroscience, 3*(50), 50.

Faber, A. W., Patterson, D. R., & Bremer, M. (2013). Repeated use of immersive virtual reality therapy to control pain during wound dressing changes in pediatric and adult burn patients. *Journal of Burn Care & Research: Official Publication of the American Burn Association, 34*(5), 563.

Fernandes, A. S., & Feiner, S. K. (2016). *Combating VR sickness through subtle dynamic field-of-view modification*. 3D User Interfaces,

IEEE, 201–210.

Foa, E. B., Cahill, S. P., Boscarino, J. A., Hobfoll, S. E., Lahad, M., Mcnally, R. J., et al. (2005). Social, psychological, and psychiatric interventions following terrorist attacks: Recommendations for practice and research. *Neuropsychopharmacology, 30*(10), 1806–1817.

Freeman, D., Bradley, J., Antley, A., Bourke, E., DeWeever, N., et al. (2016). Virtual reality in the treatment of persecutory delusions: Randomised controlled experimental study testing how to reduce delusional conviction. *The British Journal of Psychiatry : The Journal of Mental Science, 209*(1), 62–67.

Freeman, D., Evans, N., Lister, R., Antley, A., Dunn, G., & Slater, M. (2014). Height, social comparison, and paranoia: An immersive virtual reality experimental study. *Psychiatry Research, 218*(3), 348–352.

Freeman, D., Pugh, K., Antley, A., Slater, M., Bebbington, P., et al. (2008). Virtual reality study of paranoid thinking in the general population. *The British Journal of Psychiatry : The Journal of Mental Science, 192*(4), 258–263.

Freund, J., Brandmaier, A. M., Lewejohann, L., Kirste, I., Kritzler, M., et al. (2013). Emergence of individuality in genetically identical mice. *Science, 340*(6133), 756.

Gallagher, A. G., Mcclure, N., Mcguigan, J., Crothers, I., & Browning, J. (1999). Virtual reality training in laparoscopic surgery: A preliminary assessment of minimally invasive surgical trainer virtual reality (mist vr). *Endoscopy, 31*(4), 310.

Garcia-Palacios, A., Hoffman, H. G., See, S. K., Tsai, A., & Botella, C. (2001). Redefining therapeutic success with virtual reality exposure therapy. *CyberPsychology & Behavior, 4*(3), 341–348.

Gershon, J., Zimand, E., Lemos, R., Rothbaum, B. O., & Hodges, L. (2003). Use of virtual reality as a distractor for painful procedures in a patient with pediatric cancer: A case study. *CyberPsychology & Behavior, 6*(6), 657–661.

Gershon, J., Zimand, E., Pickering, M., Rothbaum, B. O., &

Hodges, L. (2004). A pilot and feasibility study of virtual reality as a distraction for children with cancer. *Journal of the American Academy of Child & Adolescent Psychiatry, 43*(10), 1243–1249.

Gerson, L. B., & Dam, J. V. (2003). A prospective randomized trial comparing a virtual reality simulator to bedside teaching for training in sigmoidoscopy. *Endoscopy, 35*(7), 569.

Gerson, L. W., Emond, J. A., & Camargo, C. A. Jr. (2004). Us emergency department visits for hip fracture, 1992–2000. *European Journal of Emergency Medicine, 11*(6), 323–328.

Gold, J. I., Belmont, K. A., & Thomas, D. A. (2007). The neurobiology of virtual reality pain attenuation. *CyberPsychology & Behavior, 10*(4), 536–544.

Goo, J. J., Park, K. S., Lee, M., Park, J., Hahn, M., et al. (2006). Effects of guided and unguided style learning on user attention in a virtual environment. *International Conference on Technologies for E-Learning and Digital Entertainment, 3942*, 1208–1222.

Groom, V., Bailenson, J. N., & Nass, C. (2009). The influence of racial embodiment on racial bias in immersive virtual environments. *Social Influence, 4*(3), 231–248.

Gutierrez-Maldonado, J., Gutierrez-Martinez, O., Loreto, D., Peñaloza, C., & Nieto, R. (2010). Presence, involvement and efficacy of a virtual reality intervention on pain. *Studies in Health Technology & Informatics, 154*(1), 97–101.

Han, P., Kwan, M., Chen, D., Yusoff, S. Z., Chionh, H. L., Goh, J., & Yap, P. (2011). A controlled naturalistic study on a weekly music therapy and activity program on disruptive and depressive behaviors in dementia. *Dementia and Geriatric Cognitive Disorders, 30(6),* 540–546.

Han, P., Kwan, M., Chen, D., Yusoff, S. Z., Chionh, H. L., Goh, J., & Yap, P. (2011). A controlled naturalistic study on a weekly music therapy and activity program on disruptive and depressive behaviors in dementia. *Dementia and Geriatric Cognitive Disorders, 30*(6), 540–546.

Harris, K., & Reid, D. (2005). The influence of virtual reality play on children's motivation. *Canadian Journal of Occupational Therapy, 72*(1), 21–29.

Hendrix, C., & Barfield, W. (1996a). Presence within virtual environments as a function of visual display parameters. *Teleoper and Virtual Environ, 5*, 274–289.

Hendrix, C., & Barfield, W. (1996b). The sense of presence within auditory virtual environments. *Teleoper and Virtual Environ,5,* 290–301.

Hoffman, H. G., Patterson, D. R., & Carrougher, G. J. (2000). Use of virtual reality for adjunctive treatment of adult burn pain during physical therapy: A controlled study. *The Clinical Journal of Pain, 16*(3), 244–250.

Hoffman, H. G., Sharar, S. R., Coda, B., Everett, J. J., Ciol, M., Richards, T., & Patterson, D. R. (2004). Manipulating presence influences the magnitude of virtual reality analgesia. *Pain, 111*(1), 162–168.

Howarth, P. A., & Hodder, S. G. (2008). Characteristics of habituation to motion in a virtual environment. *Displays, 29*(2), 117–123.

Huang, H. M., Rauch, U., & Liaw, S. S. (2010). Investigating learners' attitudes toward virtual reality learning environments: Based on a constructivist approach. *Computers & Education, 55*(3), 1171–1182.

Ijsselsteijn, W., Ridder, H. D., Freeman, J., Avons, S. E., & Bouwhuis, D. (2001). Effects of stereoscopic presentation, image motion, and screen size on subjective and objective corroborative measures of presence. *Presence Teleoperators & Virtual Environments, 10*(3), 298–311.

Insko, B. E. (2003). Measuring presence: Subjective, behavioral and physiological methods. In G. Riva, F. Davide, & W. A. IJsselsteijn (Eds.), *Studies in new technologies and practices in communication. Being there: Concepts, effects and measurements of user presence in synthetic environments* (pp. 109–119). Amsterdam: IOS Press.

Interrante, V., Ries, B., & Anderson, L. (2006). Distance perception in immersive virtual environments, revisited. In *Proceedings of the IEEE Conference on Virtual Reality* (pp. 3–10). Washington, DC: IEEE

Computer Society.

Jebara, N., Orriols, E., Zaoui, M., Berthoz, A., & Piolino, P. (2014). Effects of enactment in episodic memory: A pilot virtual reality study with young and elderly adults. *Frontier in Aging Neuroscience, 6*, 338.

Jones, J. A., Suma, E. A., Krum, D. M., & Bolas, M. (2012). *Comparability of narrow and wide field-of-view head-mounted displays for medium-field distance judgments.* Proceedings of Symposium on Applied Perception (SAP), 119–119.

Kandalaft, M. R., Didehbani, N., Krawczyk, D. C., Allen, T. T., & Chapman, S. B. (2013). Virtual reality social cognition training for young adults with high-functioning autism. *Journal of Autism & Developmental Disorders, 43*(1), 34.

Kassner, M. P., Wesselmann, E. D., Law, A. T., & Williams, K. D. (2012). Virtually ostracized: Studying ostracism in immersive virtual environments. *Cyberpsychology Behavior & Social Networking, 15*(8), 399.

Kellner, F., Bolte, B., Bruder, G., Rautenberg, U., Steinicke, F., et al. (2012). Geometric calibration of head-mounted displays and its effects on distance estimation. *IEEE Transactions on Visualization & Computer Graphics, 18*(4), 589–596.

Kempermann, G., Kuhn, H. G., & Gage, F. H. (1997). More hippocampal neurons in adult mice living in an enriched environment. *Nature, 386*(6624), 493.

Kenji Sato, M. D., Bsc, S. F., Takashi Matsusaki, M. D., Tomoko Maruo, M. D., Shinichi Ishikawa, M. D., et al. (2010). Nonimmersive virtual reality mirror visual feedback therapy and its application for the treatment of complex regional pain syndrome: An open-label pilot study. *Pain Medicine, 11*(4), 622–629.

Keshavarz, B., & Hecht, H. (2014). Pleasant musicas a countermeasure against visually induced motion sickness. *Applied Ergonomics, 45*(3), 521–527.

Keshavarz, B., Novak, A. C., Hettinger, L. J., Stoffregen, T. A.,

& Campos, J. L. (2017). Passive restraint reduces visually induced motion sickness in older adults. *Journal of Experimental Psychology: Applied, 23*(1), 85.

Keshavarz, B., Stelzmann, D., Paillard, A., & Hecht, H. (2015). Visually induced motion sickness can be alleviated by pleasant odors. *Experimental Brain Research, 233*(5), 1353–1364.

Kilteni, K., Normand, J. M., Sanchez-Vives, M. V., & Slater, M. (2012). Extending body space in immersive virtual reality: A very long arm illusion. *PloS one, 7*(7), e40867.

Klein, E., Swan, J. E., Schmidt, G. S., Livingston, M. A., & Staadt, O. G. (2009). *Measurement Protocols for Medium-Field Distance Perception in Large-Screen Immersive Displays.* IEEE Virtual Reality Conference, 107–113.

Kuhl, S. A., Creem-Regehr, S. H., & Thompson, W. B. (2006). Individual differences in accuracy of blind walking to targets on the floor. *Regehr, 6*(6), 726–726.

Kuhl, S. A., Thompson, W. B., & Creem-Regehr, S. H. (2008). *HMD calibration and its effects on distance judgments.* Symposium on Applied Perception in Graphics and Visualization, 15–22.

Kunz, B. R., Wouters, L., Smith, D., Thompson, W. B., & Creem-Regehr, S. H. (2009). Revisiting the effect of quality of graphics on distance judgments in virtual environments: A comparison of verbal reports and blind walking. *Attention Perception & Psychophysics, 71*(6), 1284–1293.

Lappin, J. S., Shelton, A. L., & Rieser, J. J. (2006). Environmental context influences visually perceived distance. *Perception & Psychophysics, 68*(4), 571–581.

Law, E. F., Dahlquist, L. M., Sil, S., Weiss, K. E., Herbert, L. J., Wohlheiter, K., & Horn, S. B. (2010). Videogame distraction using virtual reality technology for children experiencing cold pressor pain: The role of cognitive processing. *Journal of Pediatric Psychology, 36*(1), 84–94.

Lee, J. H., Ku,J., Kim, K., Kim, B., Kim, I. Y., et al. (2003). Experimental application of virtual reality for nicotine craving through cue exposure. *Cyberpsychology & Behavior, 6*(3), 275–280.

Lee, M., Kim, K., Daher, S., Raij, A., Schubert, R., et al. (2016). *The wobbly table: Increased social presence via subtle incidental movement of a real-virtual table.* Virtual Reality. IEEE,11–17.

Lenggenhager, B., Tadi, T., Metzinger, T., & Blanke, O. (2007). Video ergo sum: Manipulating bodily self-consciousness. *Science, 317*(5841), 1096–1099.

Li, Z., & Durgin, F. H. (2012). A comparison of two theories of perceived distance on the ground plane: The angular expansion hypothesis and the intrinsic bias hypothesis. *i-Perception, 3*(5), 368.

Li, Z., Phillips, J., & Durgin, F. H. (2011). The underestimation of egocentric distance: Evidence from frontal matching tasks. *Attention, Perception, and Psychophysics, 73*, 2205–2217.

Lindner, P., Miloff, A., Hamilton, W., Reuterskiöld, L., Andersson, G., Powers, M. B., & Carlbring, P. (2017). Creating state of the art, next-generation Virtual Reality exposure therapies for anxiety disorders using consumer hardware platforms: Design considerations and future directions. *Cognitive Behaviour Therapy*, 1–17.

Loomis, J. M., & Philbeck, J. W. (2008). Measuring spatial perception with spatial updating and action. In M. Behrmann, R. L. Klatzky, & B. Macwhinney (Eds.), *Embodiment, ego-space, and action* (pp. 1–43). New York: Psychology Press.

Losh, E. (2006). *The palace of memory: Virtual tourism and tours of duty in Tactical Iraqi, and Virtual Iraq.* International Conference on Game Research and Development, 77–86.

Lozano, J., Montesa, J., Juan, M., Alcañiz, M., Rey, B., et al. (2005). VR-mirror: A virtual reality system for mental practice in post-stroke rehabilitation. In A. Butz, B. Fisher, A. Kruger, & P. Olivier (Eds.), *Lecture Notes in Computer Science* (pp. 241–251). Springer-Verlag.

Lull, R. B., & Bushman, B. J. (2016). Immersed in violence:

Presence mediates the effect of 3D violent video gameplay on angry feelings. *Psychology of Popular Media Culture, 5*, 133–144.

Maeda, F., Kleiner-Fisman, G., & Pascual-Leone, A. (2002). Motor facilitation while observing hand actions: Specificity of the effect and role of observer's orientation. *Journal of Neurophysiology, 87*, 1329–1335.

Maister, L., Sebanz, N., Knoblich, G., & Tsakiris, M. (2013). Experiencing ownership over a dark-skinned body reduces implicit racial bias. *Cognition, 128*(2), 170–178.

Malloy, K. M., & Milling, L. S. (2010). The effectiveness of virtual reality distraction for pain reduction: A systematic review. *Clinical Psychology Review, 30*(8), 1011–1018.

Meehan, M., Insko, B., Whitton, M., & Brooks, F. P. (2002). Physiological measures of presence in stressful virtual environments. *ACM Trans. Graph, 21*(3), 645–652

Meehan, M., Razzaque, S., Whitton, M. C., & Brooks, F. P. (2003). *Effect of latency on presence in stressful virtual environments.* Proceeding of IEEE Virtual Reality, 141–148.

Miloff, A., Lindner, P., Hamilton, W., Reuterskiöld, L., Andersson, G., & Carlbring, P. (2016). Single-session gamified virtual reality exposure therapy for spider phobia vs. traditional exposure therapy: Study protocol for a randomized controlled non-inferiority trial. *Trials, 17*, 60.

Mohler, B. J., Creem-Regehr, S. H., Thompson, W. B., & Lthoff, H. H. (2010). The effect of viewing a self-avatar on distance judgments in an hmd-based virtual environment. *Presence, 19*(3), 230–242.

Monahan, T., Mcardle, G., & Bertolotto, M. (2008). Virtual reality for collaborative e-learning. *Computers & Education, 50*(4), 1339–1353.

Mori, M. (1970). The uncanny valley. *Energy, 7*(2), 98–100.

Murray, C. D., Pettifer, S., Howard, T., Patchick, E. L., Caillette, F., et al. (2007). The treatment of phantom limb pain using immersive virtual reality: Three case studies. *Disability & Rehabilitation, 29*(18),

1465–1469.

Naceri, A., Chellali, R., Dionnet, F., & Toma, S. (2010). Depth perception within virtual environments: Comparison between two display technologies. *International Journal on Advances in Intelligent Systems, 3*(1), 51–64.

Nicholson, D. T., Chalk, C., Funnell, W. R., & Daniel, S. J. (2006). Can virtual reality improve anatomy education? Arandomised controlled study of a computer-generated three-dimensional anatomical ear model. *Medical Education, 40*(11), 1081–1087.

Oh, S. Y., Bailenson, J., Krämer, N., & Li, B. (2016). Let the avatar brighten your smile: Effects of enhancing facial expressions in virtual environments. *Plos One, 11*(9), e0161794.

Olson, A. K., Eadie, B. D., Ernst, C., & Christie, B. R. (2006). Environmental enrichment and voluntary exercise massively increase neurogenesis in the adult hippocampus via dissociable pathways. *Hippocampus, 16*(3), 250–260.

Oman, C. M. (1990). Motion sickness: A synthesis and evaluation of the sensory conflict theory. *Canadian journal of physiology and pharmacology, 68*(2), 294–303.

Optale, G., Chierichetti, F., Munari, A., Nasta, A., Pianon, C., Viggiano, G., et al. (1999). Pet supports the hypothesized existence of a male sexual brain algorithm which may respond to treatment combining psychotherapy with virtual reality. *Cyberpsychology & Behavior, 62*(2), 249.

Optale, G., Munari, A., Nasta, A., Pianon, C., Verde, J. B., & Viggiano, G. (1997). Multimedia and virtual reality techniques in the treatment of male erectile disorders. *International Journal of Impotence Research, 9*(4),197.

Optale, G., Urgesi, C., Busato, V., Marin, S., Piron, L., Priftis, K., et al. (2010). Controlling memory impairment in elderly adults using virtual reality memory training: A randomized controlled pilot study. *Neurorehabilitation and neural repair, 24*(4), 348–357.

Papadopoulou, P. (2007). Applying virtual reality for trust-building e-commerce environments. *Virtual Reality, 11*(2), 107–127.

Paraskevopoulos, I., Tsekleves, E., Warland, A., & Kilbride, C. (2016). *Virtual Reality-based holistic framework: A tool for participatory development of customised playful therapy sessions for motor rehabilitation.* Games and Virtual Worlds for Serious Applications (VS-Games), 2016 8th International Conference ,1–8.

Patterson, D. R., Wiechman, S. A., Jensen, M., & Sharar, S. R. (2006). Hypnosis delivered through immersive virtual reality for burn pain: A clinical case series. *International Journal of Clinical & Experimental Hypnosis, 54*(2), 130.

Peck, T. C., Seinfeld, S., Aglioti, S. M., & Slater, M. (2013). Putting yourself in the skin of a black avatar reduces implicit racial bias. *Consciousness and Cognition, 22*(3), 779–787.

Pericot-Valverde, I., Secades-Villa, R., Gutiérrez-Maldonado, J., &García-Rodríguez, O. (2014). Effects of systematic cue exposure through virtual reality on cigarette craving. *Nicotine & Tobacco Research, 16*(11), 1470–1477.

Perpiñá, C., Botella, C., Baños, R., Marco, H., Alcañiz, M., & Quero, S. (1999). Body image and virtual reality in eating disorders: Is exposure to virtual reality more effective than the classical body image treatment? *Cyberpsychology & Behavior, 2*(2), 149–155.

Persky, S., & Blascovich, J. (2006). Consequences of playing violent video games in immersive virtual environments. *IEEE Transactions on Electron Devices, 48*(2), 323–331.

Petkova, V. I., & Ehrsson, H. H. (2008). If I were you: Perceptual illusion of body swapping. *PloS one, 3*(12), e3832.

Phillips, L., Interrante, V., Kaeding, M., Ries, B., & Anderson, L. (2012). Correlations between physiological response, gait, personality, and presence in immersive virtual environments. *Presence Teleoperators & Virtual Environments, 21*(2), 119–141.

Phillips, L., Ries, B., Interrante, V., Kaeding, M., & Anderson, L.

(2006). *Distance perception in NPR immersive virtual environments, revisited*. IEEE Virtual Reality Conference, 11–14.

Pinker, S. (1999). How the mind works. *Annals of the New York Academy of Sciences, 882*(1), 119–127.

Plumert, J. M., Kearney, J. K., & Cremer, J. F. (2004). *Distance perception in real and virtual environments*. Proceedings of the 1st Symposium on Applied Perception in Graphics and Visualization, 7–8.

Praag, H. V., Christie, B. R., Sejnowski, T. J., & Gage, F. H. (1999). Running enhances neurogenesis, learning, and long-term potentiation in mice. *Proceedings of the National Academy of Sciences of the United States of America, 96(23),* 13427–13431.

Purvis, C. K., Jones, M., Bailey, J. O., Bailenson, J., & Taylor, C. B. (2015). Developing a novel measure of body satisfaction using virtual reality. *PloS one, 10*(10), e0140158.

Rahimian, F. P., Arciszewski, T., & Goulding, J. S. (2014). Successful education for aec professionals: Case study of applying immersive game-like virtual reality interfaces. *Visualization in Engineering, 2*(1), 4.

Ramachandran, V. S., Rogers-Ramachandran, D. C., & Cobb, S. (1995). Touching the phantom limb. *Nature, 377*(6549), 489–490.

Ramachandran, V. S., Rogers-Ramachandran, D., & Cobb, S. (1995). Touching the phantom limb. *Nature, 377*(6549), 489.

Rauch, U., Rauch, U., & Liaw, S. S. (2010). Investigating learners' attitudes toward virtual reality learning environments: Based on a constructivist approach. *Computers and Education, 55*(3),1171–1182.

Renner, R. S., Velichkovsky, B. M., & Helmert, J. R. (2013). The perception of egocentric distances in virtual environments-a review. *ACM Computing Surveys, 46*(2), 1–40.

Repetto, C., Serino, S., Macedonia, M., & Riva, G. (2016). Virtual reality as an embodied tool to enhance episodic memory in elderly. *Frontiers in Psychology, 7*(7),1839.

Riccio, G. E., & Stoffregen, T. A. (1998). An ecological theory of motion sickness and postural instability. *Ecological Psychology, 3*(3), 195–240.

Rickel, J., & Johnson, W. L. (2002). Extending virtual humans to support team training in virtual reality. In Lakemayer, G., & Nebel, B. (eds.), *Exploring artificial intelligence in the new millenium*(pp. 217–238). San Francisco: Morgan Kaufmann.

Riecke, B. E. (2007). Consistent left-right errors for visual path integration in virtual reality: More than a failure to update one's heading? *Symposium on Applied Perception in Graphics and Visualization. 17*, 139.

Riecke, B. E., Bodenheimer, B., Mcnamara, T. P., Williams, B., Peng, P., & Feuereissen, D. (2010). Do we need to walk for effective virtual reality navigation? Physical rotations alone may suffice. *Spatial Cognition VII*, 234–247.

Riecke, B. E., Sigurdarson, S., & Milne, A. P. (2012). Moving through virtual reality without moving? *Cognitive Processing, 13*(1), 293–297.

Riva, G. (1998). Virtual environment for body image modification: Virtual reality system for the treatment of body image disturbances. *Computers in Human Behavior, 14*, 477–490.

Riva, G., Bacchetta, M., Cesa, G., Conti, S., Molinari, E. (2003). Six-month follow-up of in-patient experiential cognitive therapy for binge eating disorders. *Cyberpsychology & Behavior, 6*, 251–258.

Riva, G., Davide, F., Ijsselsteijn, W. A., & Boucouvalas, A. C. (2003). *Being there: Concepts effects and measurement of user presence in synthetic environments.* Amsterdam: Ios Press.

Rizzo, A. A., Strickland, D., & Bouchard, S. (2004). The challenge of using virtual reality in telerehabilitation. *Telemedicine Journal & E-Health, 10*(2), 184–195.

Rogers, E. M. (2003). *Diffusion of innovations* (5th ed.). New York: Free Press.

Ruddle, R. A., & Lessels, S. (2009). The benefits of using a walking interface to navigate virtual environments. *ACM Transactions on Computer-Human Interaction, 16*(1), 1–18.

Saladin, M., Brady, K., Graap, K., & Rothbaum, B. (2006). A preliminary report on the use of virtual reality technology to elicit craving and cue reactivity in cocaine dependent individuals. *Addictive Behvaiors, 31*, 1881–1894.

Sanchezvives, M. V., & Slater, M. (2005). From presence to consciousness through virtual reality. *Nature Reviews Neuroscience, 6*(4), 332.

Sauzéon, H., N'Kaoua, B., Arvind Pala, P., Taillade, M., & Guitton, P. (2016). Age and active navigation effects on episodic memory: A virtual reality study. *British Journal of Psychology, 107*, 72–94.

Segovia, K. Y., & Bailenson, J. N. (2009). Virtually true: Children's acquisition of false memories in virtual reality. *Media Psychology, 12*(4), 371–393.

Short, J. A., Williams, E., & Christie, B. (1976). *The social psychology of telecommunications.* London: Wiley.

Sinai, M. J, Krebs, W. K., Darken, R. P., Rowland, J. H. , & McCarley, J. H. (1999). Egocentric distance perception in a virutal environment using a perceptual matching task. *Human Factors & Ergonomics Society Annual Meeting Proceedings, 43(22),* 1256–1260.

Sinai, M., Krebs, W., Darken, R., Rowland, J., & Mccarley, J. (2007). Egocentric distance perception in a virutal environment using a perceptual matching task. *Proceedings of the Human Factors and Ergonomics Society Annual Meeting,* 1256–1260.

Slater, M. (2002). Presence and the sixth sense. *Presence, 11*(4), 435–439.

Slater, M., Usoh, M. & Steed, A. (1995). Taking steps: The influence of a walking technique on presence in virtual reality. *ACM Transaction on Computer-Human Interaction, 2*, 201–219.

Smith, M. J., Ginger, E., Wright, K., Wright, M., Taylor, J. L., et al. (2014). Virtual reality job interview training in adults with autism spectrum disorder. *Journal of Autism & Developmental Disorders, 44*(10), 2450.

Steinicke, F., Bruder, G., & Kuhl, S. (2011). Realistic perspective projections for virtual objects and environments. *Acm Transactions on Graphics, 30*(5), 1–10.

Steinicke, F., Bruder, G., Hinrichs, K., Lappe, M., Ries, B., & Interrante, V. (2009). *Transitional environments enhance distance perception in immersive virtual reality systems*. In Proceedings of the 6th Symposium on Applied Perception in Graphics and Visualization, 19–26.

Stoffregen, T. A., & Smart, L. J. (1998). Postural instability precedes motion sickness. *Brain Research Bulletin, 47*(5), 437–448.

Strickland, D. (1997). Virtual reality for the treatment of autism. *Studies in Health Technology & Informatics, 44*, 81.

Strickland, D., & Dan, C. (1997). Eeg measurements in a virtual reality headset. *Presence Teleoperators & Virtual Environments, 6*(5), 581–589.

Surdick, R. T., Davis, E. T., King, R. A., Hodges, L. F., Surdick, R. T., Davis, E. T., et al. (1997). The perception of distance in simulated visual displays: A comparison of the effectiveness and accuracy of multiple depth cues across viewing distances. *Presence Teleoperators & Virtual Environments, 6*(5), 513–531.

Sutherland, I. (1965). The ultimate display. *Proceedings of the Ifip Congress, 10*(2), 506–508.

Tarnanas, I., & Manos, G. (2004). A clinical protocol for the development of virtual reality behavioral training in disaster exposure and relief. *Annual Review of Cybertherapy and Telemedicine, 2*, 71–83.

Thomas, G., Goldberg, J. H., Cannon, D. J., & Hillis, S. L. (2002). Surface textures improve the robustness of stereoscopic depth cues. *Human Factors, 44*(1), 157.

Usoh, M., Arthur, K., Whitton, M. C., Rui, B., Steed, A., & Slater,

M. (1999). Walking>walking-in-place>flying, in virtual environments. *Conference on Computer Graphics and Interactive Techniques* (pp.359–364). ACM Press/Addison-Wesley Publishing Co.

Van, P. H., Kempermann, G., & Gage, F. H. (1999). Running increases cell proliferation and neurogenesis in the adult mouse dentate gyrus. *Nature Neuroscience, 2*(3), 266.

Virvou, M., & Katsionis, G. (2008). On the usability and likeability of virtual reality games for education: The case of vr-engage. *Computers & Education, 50*(1), 154–178.

Wang, M., & Anagnostou, E. (2014). *Virtual Reality as Treatment Tool for Children with Autism*. New York: Springer.

Webster, R. D. (2014). *Corrosion prevention and control training in an immersive virtual learning environment.* A dissertation submitted to the graduate faculty of The University of Alabama at Birmingham.

Willemsen, P., Gooch, A. A., Thompson, W. B., & Creem-Regehr, S. H. (2005). Effects of stereo viewing conditions on distance perception in virtual environments. *Presence, 17*(1), 91–101.

Wint, S. S., Eshelman, D., Steele, J., & Guzzetta, C. E. (2002). Effects of distraction using virtual reality glasses during lumbar punctures in adolescents with cancer. *Oncology Nursing Forum, 29*, E8–E15.

Witmer, B. G., & Singer, M. J. (1998). Measuring presence in virtual environments: A presence questionnaire. *Presence: Teleperators and Virtual Environments, 7*(3), 225–240.

Witt, J. K., Stefanucci, J. K., Riener, C. R., & Proffitt, D. R. (2007). Seeing beyond the target: Environmental context affects distance perception. *Perception, 36*(12), 1752–1768.

Won, A. S., Bailenson, J., Lee, J., & Lanier, J. (2015). Homuncular flexibility in virtual reality. *Journal of Computer-Mediated Communication, 20*(3), 241–259.

Won, A. S., Lanier, J., Lee, J., & Bailenson, J. (2015). Homuncular flexibility in virtual reality. *Journal of Computer-Mediated Communication,*

20(3), 241–259.

Yang, Y. R., Tsai, M. P., Chuang, T. Y., Sung, W. H., & Wang, R. Y. (2008). Virtual reality-based training improves community ambulation in individuals with stroke: A randomized controlled trial. *Gait & posture, 28*(2), 201–206.

Yee, N., & Bailenson, J. (2006). Walk a mile in digital shoes: The impact of embodied perspective-taking on the reduction of negative stereotyping in immersive virtual environments. *Proceedings of Presence, 53,* 47–53.

Yee, N., Bailenson, J. N., & Ducheneaut, N. (2009). The proteus effect implications of transformed digital self-representation on online and offline behavior. *Communication Research, 36*(2), 285–312.

Zhang, R., Nordman, A., Walker, J., & Kuhl, S. A. (2012). Minification affects verbal-and action-based distance judgments differently in head-mounted displays. *ACM Transactions on Applied Perception, 9*(3), 1–13.

Zhao, C., Jou, J., Wolff, L. J., Sun, H., & Gage, F. H. (2014). Spine morphogenesis in newborn granule cells is differentially regulated in the outer and middle molecular layers. *Journal of Comparative Neurology, 522*(12), 2756–2766.

图书在版编目(CIP)数据

身临其境:那些被VR影响的心灵、身体与社会／浙江大学心理与行为科学系李峙研究组，腾讯研究院S-Tech工作室著. —上海：上海教育出版社,2018.1
(VR心潮系列)
ISBN 978-7-5444-8137-3

Ⅰ.①身... Ⅱ.①浙...②腾... Ⅲ.①虚拟现实—影响—社会生活—研究 Ⅳ.①C913.3

中国版本图书馆CIP数据核字(2018)第016177号

责任编辑 金亚静 王 蕾
书籍设计 陆 弦

VR心潮系列

身临其境
——那些被VR影响的心灵、身体与社会

浙江大学心理与行为科学系李峙研究组 著
腾讯研究院 S-Tech 工作室

出版发行　上海教育出版社有限公司
官　　网　www.seph.com.cn
地　　址　上海市永福路123号
邮　　编　200031
印　　刷　上海中华印刷有限公司
开　　本　700×1000　1/16　印张 10.5
字　　数　123千字
版　　次　2018年1月第1版
印　　次　2018年1月第1次印刷
书　　号　ISBN 978-7-5444-8137-3/B·0139
定　　价　48.00元

如发现质量问题，请向本社调换　电话 021-64377165